KB052611

페미니스트 선생님이 필요해

페미니스트 선생님이 필요해

더 자유롭고 평등한 학교를 만드는 열 개의 목소리

ⓒ 홍혜은 김현 이승한 장일호 이민경 최현희 서한솔 솔리 최승범 김애라, 2017

초판 1쇄 펴낸날 2017년 12월 20일
초판 2쇄 펴낸날 2018년 5월 15일

지은이 홍혜은 김현 이승한 장일호 이민경 최현희 서한솔 솔리 최승범 김애라
펴낸이 이건복 **펴낸곳** 도서출판 동녘

등록 제311-1980-01호 1980년 3월 25일
주소 (10881) 경기도 파주시 회동길 77-26
전화 영업 031-955-3000 편집 031-955-3005 **전송** 031-955-3009
블로그 www.dongnyok.com **전자우편** editor@dongnyok.com

ISBN 978-89-7297-906-7 03330

홍혜은 김현 이승한 장일호 이민경 최현희 서한솔 솔리 최승범 김애라

동녘

2017년 7월 27일, 인터넷매체 〈닷페이스〉에 인터뷰 영상 하나가 올라왔습니다. 영상에 나온 초등학교 선생님이 말했습니다. "왜 학교 운동장엔 여자아이들이 별로 없고 남자아이들이 주로 뛰놀까? 이상하지 않아요?" "페미니즘은 인권 문제라고 생각해요. 아이들은 가정이나 사회나 미디어에서 여성혐오를 배우는데 그게 어떤 의미인지 알려주는 사람이 없어요. 그대로 사회에 나가면 차별하거나 당하는 사람으로 자랄 거예요." "공교육의 중요한 목표인 비판적 사고 능력을 기르는 데 페미니즘만큼 좋은 건 없다고 생각합니다." 말은 삽시간에 인터넷으로 퍼졌습니다. 선생님의 발언에 반발한 적지 않은 사람들이 선생님의 신상을 털고, 선생님을 비방하거나 인신공격했지요.

반면 선생님을 지지하는 사람들도 있었습니다. 같은 해 8월 26일, 페이스북과 트위터 같은 SNS에서 '#우리에겐_페미니스트_선생님이_필요합니다'라는 해시태그 운동이 일어납니다. 이 운동에는 많은 이들이 동참했고, 그 시기에 방한했던 미국의 페미니스트 작가 리베카 솔닛도 함께했죠. 뒤이어 페미니즘 교육을 지지하는 여성인권 단체들의 연합체가 조직되었고, 9월 1일에는 더불어민주당 권미혁·금태섭 의원이 전교조 여성위원회, 한국사이버성폭력대응센터, 우주당 등 단체들과 함께 국회 정론관에서 페미니스트 선생님을 옹호하는 기자회견을 열기도 했습니다.

이 책은 그와 같은 맥락에서 페미니스트 선생님들을 지지·응원하고, 교육 현장에서 성평등 교육이 더 많이 확산되길 바라는 마음으로 기획했습니다. 이곳 한국에서 학교라는 장소를 거친 다양한 사람들, 그리고 성평등 교육을 현장에서 실천하는 선생님들의 이야기를 듣고 싶었습니다. 나아가 학교에 왜 성평등 교육과 페미니스트 선생님이 필요한지 말하는 그들의 목소리를 많은 사람과 나누고자 했습니다.

1부에서는 글 쓰는 다섯 사람의 글을 엮었습니다. 홍혜은·김현·이승한 세 작가는 각기 다른 성정체성을 가진 사람의 입장에서 자기 학창시절 경험을 중심으로 이야기를 들려

줍니다. 뒤이어 장일호 기자는 학교에 만연한 여성혐오 관련 기사를 쓰기 위해 학교 현장을 취재했던 날의 기억을 바탕으로 글을 풀어나가고, 이민경 작가는 자신이 학생이었던 때와 다르지 않은 지금의 학교 속 폭력과 혐오를 지적하면서 페미니스트 교사의 필요성을 주장합니다.

2부에서는 페미니스트 선생님들의 목소리를 담았습니다. 인터뷰 영상 당사자인 최현희 선생님을 비롯해 초등성평등연구회에서 활동하는 서한솔·솔리 세 분의 선생님이 학생들과 부대끼며 겪고 생각한 일을 들려줍니다. 남자 고등학교 교사인 최승범 선생님은 다른 남교사 분들에게 페미니즘 교육에 동참하기를 권유하는 편지를, 페미니즘 연구자이면서 10대 청소년 연구에 집중해오신 김애라 선생님께서 페미니스트 선생님, 그리고 아직 페미니스트가 아닌 선생님들께 드리는 제안을 담은 글을 쓰셨습니다.

책에는 그 외에도 더 많은 분들의 이야기가 실려 있습니다. 책 뒤에 실린 부록 〈#학교에_페미니즘이_필요한_이유〉는, 직접민주주의 프로젝트 정당인 우주당에서 페미니스트 선생님을 응원하고 학교에서 성평등 교육을 시행할 것을 요청하는 시민들의 목소리를 교육청에 보내기 위해 모은 해시태그 글을 묶었습니다. 책에 신는 걸 허락해주신 분들과 그분들에게 일일이 사용 동의를 받아주신 우주당 관계자들께 진심으로 감사드립니다.

이 책을 읽으며 공감하거나 수긍할 독자들이 있는 반면에 불편함을 느끼거나 반발하실 독자들도 있을 것입니다. 받아들이는 입장과 방식이 각자 다를 테니까요. 공감하고 수긍하는 분들은 학교에서 성평등 교육이 확대될 수 있도록 함께하실 거라 믿습니다. 불편하거나 반발심이 드는 분들은 페미니즘과 페미니스트에 대한 편견에 근거한 비방이 아닌 경청할 만한 반론을 제기해주신다면, 학교 현장의 성평등 교육이 더 정교해지고 단단해지는 데 보탬이 되겠지요. 이 책이 그런 기분 좋은 일이 일어나는 데 도움이 될 수 있길 바랍니다.

동녘 편집부

차례

2부 우리 선생님은 페미니스트

1부

우리에겐
페미니스트 선생님이
필요합니다

첫 번째 목소리   그 모습

그대로

살아가도 괜찮아

홍혜은

작가, 《지극히 사적인 페미니즘》 저자

엄마는 내 '긴 생머리'를 무척 좋아했다. 나를 만나면 곧잘 내 머리카락 사이에 손끝을 세워 넣어 빗어 내리며 "머리카락이 참 건강하고 예쁘다"고 칭찬을 하곤 했다. 그리고는 항상 덧붙였다. "이것도 나이 들면 못해." 내가 머리카락을 자르자, 엄마는 마치 내 젊음이 머리카락과 함께 잘려나간 듯 아쉬워했다. 엄마는 내가 지금이라도 '좋은 남자'를 만나서 자기도 조금은 호강을 시켜주고 나도 행복했으면 하고 바라는 딱 그만큼, 지금의 내 머리카락이 엄마 머리만큼 짧아진 것을 아쉬워하곤 한다. 어쩌면 나이 든 쪽에서 '젊음의 상징'을 향해 보내는 찬사 같은 것과는 또 별개로, 엄마는 내 머리카락이 짧은 것보단 긴 것이 '좋은 남자', '좋은 남편감'을 만나는 데 좋다고 생각하는 것 같기도 하다. 막상 나는 내 머리 길이가 곧 여성으로서의 내 '아이덴티티'를 규정하지 않는다는 걸 알고 있지만 말이다.

나는 '두발'을 '규제'당하는 중·고등학교 시절을 보냈다. 내가 20대 내내 머리를 늘 허리까지 기른 것은, 두발 규제당했던 시절의 기억이 머리를 짧게 자르는 데 대한 반감으로 남아 있기 때문이기도 했다. 이제는 그 누구도 내 머리를 강제로 건드리지 않는다. 하지만 '머리를 잘라도 괜찮다'고 스스로를 설득하는 데는 제법 오랜 시간이 걸렸다. 어쩌면 나야말로 '나는 머리가 긴 편이 훨씬 예쁘다'고 가장 굳게 믿어온 사람인지 모른다. 실은 '내 가치는 머리 길이와는 상관없다'는 걸 나 자신에게 납득시키기 위해서는 시간이 필요했다. 단번에 숏컷을 하진 못하고 야금야금 머리카락을 잘라내면서, 주변의 반응도 살피며 적응해나갔다.

그러다 드디어 큰맘 먹고 아주 짧게 잘랐다. 미용실에 가서 "숏컷 해주세요" 했더니, 머리 뒤에 '바리깡'을 안 대는 '여자 숏컷'을 해주셨다. "남자 숏컷도 괜찮은데요" 했는데, 디자이너님은 한사코 말리셨다. '진짜' 숏컷을 한 친구의 까슬까슬한 뒤통수를 만져본 적이 있다. 나쁘지 않은 촉감이었다. 그렇게 뒷머리를 밀어주셔도 이제 난 정말 괜찮았는데 말이다. 애매하게 짧아진 뒷머리를 쓰다듬으며 미용실을 나왔다. 처음 중학교에 들어갔을 때 두발 규정은 귀밑 3센티미터였다. 그건 뒤통수의 머리카락 일부를 '바리깡'으로 밀어내야 되는 수준의 길이였다. 그때는 괜찮고 지금은 안 되는 '바리깡'이라고 생각하니 기분이 이상했다.

열다섯 살 되던 해였다. 수도권 지역에서부터 '두발 자유' 열풍이 불기 시작하더니, 내가 다니던 지방 소도시 학교에서도 조금씩 규제가 풀려갔다. 그래봐야 귀밑 8센티미터쯤 되었다. 우리는 조금이라도 머리카락을 더 길게 하고 싶어서 조금씩은 규정을 어겼다. 미용실에 가면 "귀밑 10센티미터 정도로 잘라주세요" 했다. 그러면 눈대중으로는 걸릴 일이 없었다. 다만 자를 정확히 귀밑에다 갖다 대며 두발 검사를 하는 날이면 가위로 머리카락을 잘릴까 조마조마해했다. 선생님들은 머리카락을 예쁘게 잘라주지도 않았다. 규정 길이에 맞춰 일부만 뚝, 자르고 "나머지도 여기 맞춰 잘라 와라" 했다.

한번은 교정에 쓰레기를 주우러 모인 날, 교장선생님이 지나가던 애를 불러 세웠다. 그 애의 머리카락은 어깨를 조금 넘어 내려와 있었다. 교장선생님은 그 애의 머리카락을 잡아당기며 "머리채가 곧 궁뎅이에 닿겠다" "술집 나가는 년처럼 보인다"라며 혼을 냈다. 그 기억이 아직도 강하게 남아 있는 건, 내 눈에 그 애는 조금도 "술집 나가는 년"처럼 보이지 않아 몹시 의아했기 때문일 것이다. 남들보다 조금 멋을 부린 열다섯 살짜리의 어깨 조금 아래에서 나풀거리는 머리카락이, 왜 교장선생님 눈에는 궁둥이까지 닿는 걸로 보였던 것일까.

그러고 보면 그때 교복을 입은 우리의 몸은 너무 드러내도, 너무 숨겨도 큰일이 나는 무엇이었다. 우리는 교복을 입자 굳이 브라가 필요할 만큼 가슴이 자라지 않아도 브라를 해야 했다. 처음에는 선생님이나 엄마만 눈치를 주었는데, 나중에는 친구들끼리도 그걸 입지 않은 애를 이상하게 생각했다. 게다가 브래지어가 보이지 않게 그 위에 민소매를 받쳐 입어야 했다. 한번은 민소매를 입지 않아서 하복 위에 브라가 훤히 보이는 게 "남세스럽다"며, 선생님이 학생 뒤에서 속옷 끈을 잡아당기며 혼내는 걸 보기도 했다.

나도 얼마 전에야 이 큰 비밀을 알게 되었지만 너무 꽉 조이는 브라는 백해무익하며, 아무리 편안한 브라라도 안 해도 그만이다. 〈재윤의 삶〉이라는 웹툰에서는 브라를 해야 하는 여성의 고충을 이렇게 적었다. "가슴이 있어서 (속옷으로) 그 가슴을 가렸는데, 속옷을 보임으로써 가슴을 가렸다는 걸 남들이 알게 하면 안 된다." 10대였던 우리는 한층 더

이제는 단지 '있는 모습 그대로'
살아가도 괜찮다고 가르치고,
그런 사회를 만드는 데에
자신의 방식대로 기여할 수 있는
사회구성원을 길러내는 교육은
어떨까.

했다. 가슴이 있든 없든 가슴이 있을 만한 자리를 가려야 했고, 가린 걸 또 잘 가려둬야 했고, 브라를 가리는 일을 깜빡하면 굳이 그 사실을 남들 앞에서 큰 소리로 폭로하며 적극적으로 망신을 주는 사람마저 일상에 존재하고 있었기 때문이다. 그런 일상은 당혹스러웠다. '아니, 실수로 안 입을 수도 있는데 굳이 그렇게까지?'라는 생각과 동시에 '나는 꼭 까먹지 말고 민소매를 받쳐 입어야겠다'는 생각이 따라붙은 기억이 지금도 떠나지 않는다. 토론과 설득 같은 민주적인 절차는 언감생심, 납득이 안 되는 규칙을 강요하려면 남들 앞에서 부러 창피를 주는 것이 왜 효과적인지 잘 배우게 되었다.

한편, 그렇게도 가려야 했던 우리의 몸은 맘대로 가려질 수도 없었다. 교복은 정장 스타일이다. 신축성이 조금도 없는 치마·셔츠·조끼와 블레이저를 입는다. 거기다 셔츠는 목까지 잠가 넥타이까지 둘러야 하는 차림이다. 몇 시간 동안이나 학교에 있으면서 무엇 하나 편안할 리가 없다. 불편함은 본능적으로 느껴졌다. 등굣길에서 선도부의 감시를 받으며 학교에 도착한 우리는, 곧잘 치마를 벗어던지고 잘 늘어나는 고무줄이 허리에 들어간 체육복 바지를 입곤 했다. 체육복 바지는 방한용이기도 했다. 치마만으로 한겨울을 나기엔 너무 추워서 스타킹 위에 그대로 체육복 바지를 걸쳐 입었다. 이것으로도 곧잘 혼나고 벌점을 받았다. 이유는 "복장 불량"이고, "학생다워 보이지 않아서"라고 했다. 머리카락을 기르면 "술집 나가는 년" 같고 브래지어의 흔적이 보이는 것은 "남세스럽"다. 하지만 체육복 바지를 입어 드러난 다리를 좀 가리는 일도 문제가 되는 것이다.

우리의 다리가 여성적 기호가 아닌 것도 아니었다. "너희가 치마 입고 다리를 벌리고 있으면 앞에서 속이 다 들여다보인다"라고 노골적으로 지적하는 남자 선생님들을 한두 명 만난 것이 아니다. 그러면 우리들은 잠깐 동안은 민망해하며 다리를 신경 써 오므리곤 했다. 그러나 그 상태를 종일 유지하고 있을 수는 없었다. 아침 여덟 시부터 0교시가 있었고, 야자는 밤 열한 시나 되어야 끝났다. 스타킹은 너무 답답했고, 치마의 허리 부분은 조금도 늘어나지 않는 소재와 디자인으로 만들어졌다. 그 상태로 '다리를 꼭 붙이고' 집중해서 효율적으로 공부하는 건 불가능에 가까운 일이었다.

지금 생각해보면 내가 있었던 그때 그 교실에서, 앞서 나열했던 이 모든 일이 '이해가 안 갔던' 선생님도 있었을 것 같다. 학교엔 불과 한 세대 전의 '교복 자율화' 시절을 아는 선생님들도 있었을 것이다. 머리 모양과 복장이 자유롭던 그 시절에도 누군가는 학업을 잘 해나갔고, 무리 없이 괜찮은 어른이 되기도 했다. 그러니 이 사소한 통제로 가득한 규정들이 좀 비합리적이라고 어떤 선생님은 생각했을 것 같기도 하다. 하지만 내가 복장과 두발 규제에 의구심을 느끼며 용기 내어 항의했을 때, 내가 제일 좋아하던 선생님조차 "절이 싫으면 중이 떠나야 한다"고 말했다. 나는 더 이상 불만을 말하지 않게 되었고, 학교를 졸업했다. 이후 대학에 진학해 국문학을 공부하던 어느 날, 현대소설 수업 시간에 공지영의 단편소설 〈광기의 역사〉를 읽었다. 거기엔 나와 똑같이 학교를 폭력적이고 비합리적인 공간으로 기억하는 화자가 등장했다. '우리의 학창시절에 어떤 선생님이 함께 불합리에 대해 고민해주었으면 어땠을까? 내 학창시절에 대한 기억은 많이 달라졌을까?' 그런 생각을 했다.

3년째 내게 배우는 학생이 있다. 우리는 영어 과외 선생과 제자로 만나게 됐다. 나와는 열두 살 차이, 띠동갑이다. 우연히도 2000년생들이 아홉 살 먹었을 때부터 가르치는 일을 시작했다. 나는 이 또래 학생들로부터 학교생활 이야기를 전해 들었다. 그간 세상이 변하긴 변했다. 다행히도 요즘 대부분의 학교는 교복과는 별도로, 신축성 있는 소재와 활동하기 편한 디자인의 '생활복'이라는 것을 입도록 한다.

이것만 해도 훨씬 나아 보인다. 또 대부분의 선생님들이 머리카락을 허리까지 기르는 것과 '술집 나가는' 것은 별 관련이 없다는 것도 알게 된 것 같다. 학생의 머리카락을 맘대로 가위로 잘라선 안 된다는 것도 상식이 된 듯하다. 머리를 허리까지 기른 여학생을 흔히 볼 수 있게 되었다. 어떤 학교에서는 갈색 정도의 '차분한' 염색까지도 허용한다고 들었다. 세상에, 학교가 이렇게나 많이 변할 줄이야.

하지만 '학교 기준'에 익숙지 않은 상태로 오래 살아버린 내가 보기에 교육현장은 아직 아쉬운 부분이 많다. 가령 수업 중에 "너희들이 나중에 커서 좋은 엄마가 되려면"으로 시작되는 많은 이야기들이 나온다는 얘기를 들을 때, 아쉽다. 물론 행복한 결혼생활을 꿈꾸는, 더 나아가 좋은 환경에서 아이를 낳아 기르는 것이 꿈인 학생도 있을 것이다. 마땅히 격려 받아야 한다. 하지만 모두에게 '획일화된 좋은 미래'를 꿈꾸게 하는 것은 좀 다른 문제다. 내 학생은 자주 "저는 결혼하고 싶지 않은데요" 하고 이야기한다.

많은 여학생들이 "나는 엄마같이 살지 않겠어요"라고 말한다. 한국 사회 중년 이상의 기혼 여성 대부분은 육아·가사·직장생활을 완벽하게 해내고자 '슈퍼우먼' 콤플렉스에 시달리다가, 잠깐 쉬면 경력이 단절 되어버린다. 그러다가

다시 일자리를 구하면 대부분은 저임금 노동을 하게 된다. 그런 엄마를 보고 자랐을 테니까, 학생들이 왜 그런 말을 하는지도 이해가 간다. 그러니까 결혼 쪽을 포기한 채 다른 진로에 좀 더 충실하고 싶다는 꿈을 꾸는 여학생들이 많은 것도 당연하다. 그렇다면 각자가 상상하는 '좋은 미래'를 꿈꿀 수 있도록 다양한 가능성을 열어주는 것, 그것이 교육의 책무 아닐까.

"오늘 학교에서 선생님이 남자친구랑 사귀다 헤어질 땐 비싼 선물, 특히 반지를 돌려주라고 했어요." 내 학생에게 전해들은 얘기다. 얼핏 들어도 인터넷에 만연한 여성혐오적 정서에 기반한 이야기라는 생각이 들었다. 이 혐오 서사는 '선물'을 인간이 타인에게 보이는 호감과 호의의 표시로서 자연스럽게 보는 걸 어렵게 만든다. 나는 내 학생이 상대와 마음을 나누는 일을 부담스러워 하게 되지 않기를, 기쁜 마음으로 남들과 선물을 주고받을 수 있는 사람이 되길 바라기 때문에, "애초에 그런 걸 미리 계산하고 걱정하며 남자친구를 사귈 필요는 없어"라고 말해주었다.

"아내가 젊을 땐 예쁘고 날씬했어. 이제는 몸무게가 80킬로그램도 넘어 사기당한 기분이야. 나랑 결혼한 사람 어디 갔지?" 다른 선생님이 이런 농담을 했단 얘기도 들은 적 있다. 이 일화에선 재밌었던 점이 있다. 지난 학기 초까지만 해도 내 학생의 반에서는 여학생들이 "메갈은 심한 것 같다"고 입을 모아 말하곤 했단다. 말을 심하게 하는 남학생들이 '김치녀', '걸레' 같은 말을 함부로 던지면 여학생들이 스스로 자기 행동과 말투를 '너무 튀지 않게' 검열하는 분위기였다고 들었다. 내 학생은 그런 분위기를 좀 답답해하곤 했다. 그런데 어느새 여학생들은 그 선생님에게 "아내 분한테 그렇게 말하는 건 잘못된 것 아니냐"고 항의하기 시작했다고 한다. 여학생들에게 외모로 여성의 가치를 평가하는 성차별적인 발언에 대한 '부당함'을 느끼는 감각이 자라난 것이다. 반면 남학생들은 그게 뭐가 문젠지 모르겠다는 표정으로 침묵하고 있었다고 한다. 발언한 선생님은 당장 무엇이 잘못됐는지 알아채기가 어려웠고, 학생들에게 사과하지 않았다고 들었다.

나는 이 선생님들이 특별히 나쁜 선생님은 아니라고 생각한다. 오직 내가 부당함에 정면으로 저항하려 했을 때만 내게 그 부당함을 강요했던, 그때 빼곤 다 좋았던 나의 선생님처럼, 평소 학생들에게 좋은 선생님일 수도 있다고 생각한다. 나의 학생도 이 선생님들을 싫어하진 않는다고 얘기했고 말이다.

실은 선생님도 이 사회의 여느 어른과 같다. 내 '긴 생머리'를 '젊고 여성스러움'의 징표로 생각하고, 나를 무척 사랑하고 내가 잘되기를 누구보다 바라지만 좀처럼 내 '있는 모습 그대로'의 매력을 제대로 인정해주지는 않는 나의 어머니와 비슷할 수도 있다. 그리고 선생님들도, 나의 어머니도, 나도, 내 학생도 '더 좋은' 사람이 되는 건 언제나 가능하다. 그건 스스로에게 끊임없이 어떤 가능성을 열어두고 '앎'을 시도할 수 있는가, 없는가에 달렸다. 좋은 교육을 위해서는 많은 조건이 필요하다. 그 가운데 선생에게는 열린 마음으로 얻어야 할 끝없는 배움이 필요한 것이고, 나는 그렇게 할 수 있는 가능성은 누구에게나 열려 있다고 믿는다.

한번은 "공부 열심히 해서 성공하고 사회에서 차별받고 소외받지 않아야 한다"는 내용을 담은, 내 학생 담임선생님의 가정통신문을 우연히 읽게 되었다. 이 사회에서 나와는 다른 기억을 갖고 자라났을 어른도 있다는 걸 부정하진 않겠다. 가령 부당하게 머리 잘리는 것을 견디면서, 불편한 교복 안에서도 고군분투하며 입시에 성공해 좋은 대학에 가고 좋은 직장을 잡아 결혼한 후 좋은 엄마로 살아가려 노력하면서 끝내 '차별'받고 '소외'받지 않는 데 성공한 여성들 말이다. 하지만 그보다는, 그렇게 되는 데 실패한 이들이 더 많을 것이다. 그들이 전부 '차별'과 '소외'를 받는 게 당연한 실패자로 남아야 하는 사회는 뭔가 이상하다. 이제는 단지 '있는 모습 그대로' 살아가도 괜찮다고 가르치고, 그런 사회를 만드는 데에 자신의 방식대로 기여할 수 있는 사회구성원을 길러내는 교육은 어떨까. 그러면 과거의 나와 같은 학생을 포함해, 더 많은 학생이 행복할 수도 있을 테니까 말이다. 학생 상당수가 '꽤 괜찮은' 어른이 될 수도 있을 것 같다. 상상만 해도 좋다.

두 번째 목소리   지금도

'미스 김'이라고

불리는 사람

김현

작가, 《글로리홀》 저자

학창시절 나를 소수자로 정체화하는 데 오랜 시간을 허비하지 않았다. 특별히 어디서 보고 배운 것도 아닌데(보고 배울 만한 걸 찾기 어렵던 시절이었다) 나는 내 정체성이 자연스러운 것이라고 믿었고 별달리 혼란스러워하지 않았다. '나는 왜 너를 좋아하는가?'라는 물음 대신 마음이 가는 사람을 마음을 다해 좋아했다. 상대방이 알건 모르건. 사랑에 충실했다.

6년 동안 남중·남고를 다니며 나는 한 사람을 짝사랑하고, 한 사람과 연애하면서 나름 밝은 미래를 꿈꾸던 소박한 이였다. 그때 인권재단 사람, 청소년성소수자위기지원센터 띵동, 친구사이, 한국여성의전화, 행동하는성소수자연대 등과 같은 단체를 알았더라면 나는 아마도 더 많은 이와 연애할 기회를 획득하며 더 일찍 다른 미래를 위해 목소리를 내는 다복한 사람이 되었을지도 모른다.

그러나 학창시절 나는 내가 바로 '그런 사람'이라는 것을 아무에게도 말하지 못했다. 누구도 나 같은 사람이 있다는 것에 관해 말하려 하지 않았고 묻지 않았다. 나의 말할 수 없는 성장 이야기는, 나 때문이 아니라 나를 둘러싼 이들에게서 비롯된 것이었다. '나는 왜 여기 있으나 여기 없는 사람인가?'라는 물음이 늘 나를 따라다녔다. 그런 이유로 나는 수면제를 모았고, 목을 맸다. 내가 자살을 결심하고 그걸 행하고 그게 미수에 그치는 동안 아무도 곁에 없었다. 부모도, 선생도, 친구도 나를 '그런 짓'을 할 사람으로 생각하지 않았다. 하지만 당신이 보는 사람이 당신을 필요로 하는 사람이다.

학교에서 '미스 김'으로 불렸다. 내가 오랜 세월 그곳에서 미스 김이었다는 걸, 선생도 부모도 알지 못했다. 복도를 지나쳐 갈 때면 "보지 같은 년" "오빠 지금 꼴렸다" "한번 줄래?" 같은 말을 듣는 것을 그들이 알았더라면… 알았더라도 아무 일도 벌어지지 않았을 것이다. 친구들끼리 장난칠 수도 있으니까. 내가 그 녀석들을 단 한 번도 친구라고 생각한 적이 없는데도. 선생이나 부모의 입장에선 알수록 복잡해지

지금껏 내 인생에는 페미니스트
교사가 한 명도 없었다. 조금 더
일찍 페미니스트 교사를,
페미니즘을 만났더라면 나는 더
서둘러 나와 너에 관해 묻고 쓰는
이가 되었을 테다.

는 일이 있고 복잡해질수록 일이 많아진다. 복잡할 수 있는 사람은 당하는 사람뿐이다.

그런 말을 하도 듣다 보니 한번은 정말 이런 생각까지 하게 되었다. '그래 한번 빨아주자.' 그렇게 나를 보호할 수 있을 거라 생각했다. 마음먹고 나니 이상하게 가해자의 말을 가해자처럼 고스란히 내뱉을 수 있었다. "하러 갈래?"라고 되물으면 모두 "미친년"이라면서 뒷걸음질 쳤다. 그게 시원했으나 상처였다. 나는 계속해서 혼자 맞섰다.

혼자 맞서는 이야기. 그런 멋진 삶을 살다가 결국은 이겨내는 사람을 궁리하며 일기를 썼다. 이제 와 보면 그게 내 글쓰기의 자양분이었다. 소설가 마거릿 애트우드는 진실을 쓸 방법은 내가 쓰는 글을 누구도 읽지 않을 거라고 가정하는 것이라고 썼으나, 나는 누구든 내가 쓴 걸 읽어주길 바라며 썼다. 사실을 쓸 수 있는 방법은 그런 것이라고 여겼다. 분노하고 좌절하고 용기 내며 썼다. 덜 꾸며 말하자면, 욕하고 욕하며 욕을 썼다. 나를 보호해줄 것이 필요했다.

도서관에 자주 갔다(도서관에 자주 가는 일도 '계집애' 같은 일이라고 놀림 받았으나). 그때 그곳에서 누구에게도 묻지 못했던 것을 물었고 듣지 못했던 것을 들었다. 지금도 기억하는 책 가운데 하나가 양귀자의 장편소설 《나는 소망한다 내게 금지된 것을》이다. 소설의 내용보다 표제로 쓰인 폴 엘뤼아르의 문장을 그즈음 내 삶의 경구처럼 외고 다녔다. 그때 그 소설로 처음 '페미니즘'이라는 말을 알게 되었고, 찾아보게 되었고, 누가 알려주지도 않고 누가 권한 것도 아닌데 나 자신 페미니스트라고 여겼다. '여자 같음'을 온전히 나의 것으로 받아들이려고 노력했다. 미스 김이라는 별명을 차근차근 살펴보기 시작한 것도 그때였다.

가정에서는 부모가, 학교에서는 선생이 나를 보호해주기 위해 애썼으나 불가능했다. 부모와 선생의 보호하는 교육은 '미스 김이 있음'에서 출발한 것이 아니라 '미스 김은 없음'에서 출발한 것이었다. 차이를 나타내려는 교육이 아니라 차이를 숨기는 교육이었다. 명백하게도 '남자는 남자니까, 여자는 여자니까.' 구습을 답습하는 교육이었다. 내가 가장 믿고 따르던 선생조차 말했다. 모름지기 남자는 여자하기 나름. 그들은 알지 못했으나 부지불식간에 그 교육은 자신들을 보호하는 것일 때가 더 많았다. 그들 역시 다름을 인정하는 교육이 아니라 다름을 배제하도록 교육받은 이들로서 성역할에 대한 고정관념이 있었으며, 젠더 인식의 변화에 둔감했고 무지했다. 선량했으나 불성실했다. 나는 많은 순간 긍정적이었고 충만한 사람이 되고자 애썼으나 대부

분 실패로 끝났다. 실패도 배웠다. 절대 실패해서는 안 되는 교육은 때때로 전혀 실천해서는 안 되는 교육이 되기도 한다. 가령, 여성은 무드에 약하고 남성은 누드에 약하다는 유머가(?) 포함된 〈성교육표준안〉 같은 것이 그렇다.

그렇게 실패를 거듭하는 사람으로서 나는 어떻게 입시를 치르고, 어딘가에 입사해야 할까보다 어떤 사람이 되어야 할까 하는 마음가짐을 소중히 여겼다. 말마따나 질풍노도였다. 내게 금지된 것을 소망했다. 일찍이 교과서로 배울 게 있고 또한 교과서로 배울 게 없음을 안 건 행운이었다. 누구도 내게 먼저 이야기해주지 않았지만, 나를 나인 채로 두고 살아도 된다는 것이 책 속에, 페미니스트들의 글 속에 존재했다. 그때 나는 단지 헛된 상상이 많은 청소년에 불과했겠지만, 나의 목소리를, 나의 언어를 찾는 일을 그 시절 나는 배우지 않고 배워 한 셈이다.

스스로 힘써 페미니스트가 되자 묻고 싶은 게 많았다.

기록하고 싶었다.

시작했으니 두려움 없이 질문하고 싶은 게 많아지고 쓰고 싶은 게 많아지는 것. 페미니즘이었다.

초등학교 6년 내내 고무줄을 잘했고, 토요일이면 여자

친구들과 어울려 떡볶이를 해 먹던 내가 '스포츠머리'가 되어 중학교에 입학한 뒤부터 어째서 그 사람들과 마주치길 부끄러워한 건지. 그때 나 자신에게서 사라져버린, 누군가 강제로 '밀어버린' 나의 성질은 무엇이었는지. 그 녀석들은 왜 나를 미친놈이 아니라 미친년이라고 부르는지. 누굴 '따먹은' 녀석들의 얘기는 어째서 웃음거리가 되지 않는지. 아직 선생이 아니라는 이유로 여자 교생을 언제든 한번 꼬셔볼 수 있는 사람으로 취급하던 녀석들은 그저 아직 어린 학생들에 불과한 것인지. 남자는 여자를 잘못 만나면 망한다, 여자는 처음에는 다 안 된다고 한다, 여자의 몸은 임신과 출산을 위한 것이다, 라는 말을 천연히 할 수 있는 선생이란 건강한 사람인지. 일렬종대로 학생들을 세우고 '빠따'를 칠 수 있는 권한을 학생주임에게 준 건 누군지. 이성애자가 아니고 결혼을 하지 않아도 다양한 가족을 구성할 수 있음을. 자살하지 않고 살면 내게도 밝은 미래가 있다는 것을. 나와 같은 사람이 있고 나와 같은 사람과 연대하는 사람이 있고, 그게 선생이나 부모나 친구일 수도 있다는 것을. 이 수많은 질문과 대답을 왜 누구도 내 앞에, 우리 앞에 던져주지 않는지를, 썼다.

생각해보면 지금껏 내 인생에는 페미니스트 선생이 한 명도 없었다. 씁쓸하다. 조금 더 일찍 페미니스트 선생을, 페미니즘을 만났더라면 나는 더 서둘러 나와 너에 관해 묻고 쓰는 이가 되었을 테다. 그러므로 지금, 현장에서, 나는 페미니스트 선생님입니다, 목소리를 내는 이가 있다는 것은 다행스러운 일이다. 선생은 시험의 정답만을 알려주는 사람이 아니다. 학생은 질문하는 사람이다. 그런 사람만이 묻는다. '우리의 겨털은 자랑이 될 수 없나요?' '우리에게도 운동장이 필요하지 않을까요?' '우리는 우리와 같은 이들과 사랑에 빠질 수 있나요?'

오랫동안 미스 김이라는 말을 들었던 나를 부끄러워했다. 그러나 미스 김이라는 말이 내 책상 위에 없었더라면 나는 페미니스트로 향하는 길을 오래 돌아왔을 것이다. 이 글은 내게 금지된 것을 소망했던 나에게서 시작됐으나 이제나는 나의 조카들이, 수아와 선우와 탄이가 페미니스트로 성장하길 바란다. 누구나 각자의 자리에서 페미니스트 선생님이 되어주면 좋겠다. 그렇게 연결되기를, 당신을 필요로 하는 것이 당신에게 필요한 것이다. 강해지기를. 그리하여 아이들이 스스로 자신의 가장 깊숙한 곳에 페미니스트의 책상 하나를 놓고 앉기를, 질문하기를, 쓰고 읽히게 되기를. 욕하고 욕하며 욕을 넘어서기를.

세 번째 목소리   조금 달랐던

사내아이

이야기

이승한

칼럼니스트,《나는 지금 나의 춤을 추고 있잖아》저자

어린 시절 나는 또래들과는 조금 다른 사내아이였다. 친구들이 〈후레시맨〉이나 〈메칸더V〉 시리즈를 보고 장난감 로봇을 가지고 놀 때, 나는 누나들의 어깨 너머로 순정만화 잡지 《르네상스》를 읽고 〈해리가 샐리를 만났을 때〉 같은 로맨틱 코미디 영화를 보며 누나들의 마론인형을 물려받아 머리카락을 빗기고 놀았다. 위로 나이 터울이 아홉 살, 여섯 살인 누나들 아래서 자란 나는 자연스레 누나들의 취향을 문화적 자양분 삼아 자랐다. 보고 배운 게 다르니 말과 행동도 달랐던 걸까. 친구들도 어렴풋이 자신들과 나 사이의 차이점을 직감하고 있는 듯했다. 놀이터에서 함께 한 명씩 〈후레시맨〉의 등장인물을 맡아 놀 때면 녀석들은 내게 옐로우를 맡겼다. 전대물(일본에서 시작된 특수 촬영물로, 다수가 팀을 이루어 각자의 역할을 맡아 지구를 구하거나 악당을 물리친다는 내용을 주로 다루는 장르를 말한다)에서 노란색은 전통적으로 여자 멤버들의 색깔이고, 평범한 사내아이라면 자신이 옐로우라는 사실에 치욕스러워했을 거라는 걸 난 시간이 많이 흐른 뒤에야 알게 됐다.

남들과 다르다는 사실이 신경 쓰이기 시작한 건 초등학교 진학 이후부터였다. 집에서 보내는 시간보다 또래 아이들과 보내는 시간이 더 길어진 초등학생들은 자연스레 이편과 저편을 구분해 무리를 짓기 시작했다. 축구나 캐치볼도 할 줄 모르고 구석에 틀어박혀 책 보고 수다 떠는 걸 좋아하던 책벌레가 무탈하게 무리 안에 들어가는 일은 생기지 않았다. 설상가상 3학년 때 담임선생은 아이들을 새벽 여섯시에 운동장에 집합시켜 체력 단련을 시키는 사람이었다. 먼동이 터오는 그 새벽의 운동장에서, 굼뜨고 서툰 나는 '틀린 그림 찾기' 속 틀린 그림 같은 존재였다. 이미라의 순정만화에 대해 떠드는 걸 좋아하는 남자애 따위가 조기축구에 필요했을 리 없지 않은가. 반 아이들끼리 편을 갈라 축구 시합을 할 때면 모두가 나와 같은 편이 되는 걸 피하려 노골적으로 애를 썼다. 난 생애 처음 겪는 사회화 과정에서 금방 무리 밖으로 밀려났고, 그건 그리 기분 좋은 일이 아니었다.

그나마 그 한두 명, 고정된
성역할에 의문을 제기하고
불편해질 각오를 하고 날 붙잡아
가르치던 페미니스트 선생님들을
만나지 못했다면
난 어떤 사람이 됐을까.

5학년이 되자 상황은 조금 더 복잡해졌다. 사이가 원만하지 못했던 나의 부모가 이혼을 결행한 것이다. 삼 남매의 감상은 불행보다는 안도에 더 가까웠다. 우리가 혹 서로 안 맞는 사람들끼리 '애들을 봐서라도' 마지못해 같이 살게 만드는 족쇄가 되는 건 아닌가 싶어 신경이 쓰였으니 말이다. 물론 마냥 후련하기만 한 건 아니었다. 몇 년 뒤 외환위기 사태가 한국 사회를 휩쓸고 가며 이혼이 흔한 일이 되긴 했지만, 1995년만 해도 아직 이혼이 실패로 간주되던 시절이었다. 어머니는 혹 내가 어디서 '애비 없이 자란 아이'라는 말이라도 들을까 걱정했고, 나 또한 주변 사람들이 날 동정하는 눈빛으로 바라보는 게 거슬렸다. 특히 몇몇 남자 어른들은 아버지의 부재를 걱정하며 자꾸만 내게 남성성을 가르치려 들었다. 아버지가 어디 이역만리 타향으로 간 게 아니라 마을버스 10분 거리로 이사한 거라고, 충분히 자주 만나 시간을 보낸다고 말해도 막무가내였다. 그래도 아버지 없이 자라면 아무래도 남성성이 부족할 테니… 아뇨. 아버지랑 같이 살 때도 전 이런 아이였는데요. 차마 하지 못한 대꾸가 혀끝을 맴돌았다.

안 그래도 유별난 애 취급을 받으며 미묘한 따돌림에 시달리는 게 짜증났던 마당에, 한부모 가정 아동이 되었다는 이유 하나만으로 졸지에 동정과 특별관리의 대상이 되는 건 더더욱 사양이었다. 나는 최대한 빨리 '남성성'을 학습해 '정상적인' 소년이 되어야 했다. 그렇다고 곧 중학교에 올라가는 마당에 다 늦게 〈후레시맨〉 시리즈를 복습하고 앉아 있을 여유는 없었다. 일평생 운동과 담을 쌓았던 애가 갑자기 체육시간에 스트라이커로 활약할 수도 없는 노릇. 그 상황에서 가장 빠르게 남성성을 증명해 또래 사이에서 인정받는 방법은 성적으로 조숙해지는 것이었다. 말이 좋아 '성적으로 조숙'이지, 사실 2차성징과 함께 몸에 생기기 시작한 크고 작은 변화를 과시하고 적극적으로 여자를 대상화하는 일이었다. 나는 텍스트 파일로 정리된 야설을 플로피 디스켓에 담아 돌려보는 친구들 무리에 합류했고, 오래 지나지 않아 무리가 돌려보는 자료의 확장자명을 txt에서 bmp로 바꾼 장본인이 됐다.

또래와 섞여야 한다는 강박은, 집안에 크고 작은 우환들이 쉴 틈 없이 몰아쳐 다섯 명이던 가족이 어머니와 나 둘로 압축되던 중학교 시절 극에 달했다. 나는 사람들이 내 결핍을 발견하고는 그 이유를 내 가정사로 돌려 날 멋대로 동정하려 들까 겁에 질렸다. 게다가 2차성징 과정에서 발견한 쾌락은 어찌나 강렬했는지, 그 쾌락에 몸을 맡기는 것만으로도 어느 정도 불행을 잊을 수 있었다. 나는 튀면 안 된다는 강박과 2차성징의 쾌락이 복잡하게 섞인 심사로 남성성 획득에 몰두했다. 몇 반 누구는 가슴이 이렇게 커졌더라. 무슨 여중 아무개랑 우리 학교 아무개랑 했다면서? 남자애들끼리 여자애들을 대상화할 때면 대화는 어렵지 않았고, 난 부끄러운 줄 몰랐다. 여자애들 브래지어 끈을 뒤에서 잡아당기고 도망가는 친구들을 보며 킥킥거리고, 교실 한쪽 구석에서 포르노에서 본 체위를 흉내 내며 누가누가 더 '센' 작품을 봤나 경쟁하던, 돌이켜보면 끔찍한 시간이었다.

폭주하려던 나를 그나마 머리가 굳어지기 전에 붙잡아준 건 학교와 학원에서 만난 페미니스트 선생님들이었다. 자신의 몸을 훑어 내리는 내 시선을 발견한 보습학원 선생님은, 나를 불러다 앉혀 놓고 시선도 폭력이 될 수 있다는 점을 일러줬다. "네 불행을 구경거리인 양 바라보는 사람들이 밉고 싫다고 한 녀석이, 정작 너부터 다른 사람들을 눈으로 훑으면 어쩌자는 거니." 선생님 덕분에 난 내가 가장 경멸하던 이들과 별반 다를 것 없는 인간이 되고 있다는 사실을 깨닫게 됐다. 그런가 하면 학교에서 사회 과목을 가르치던 전교조 소속 선생님은, 남자 반장이 수업 시작 인사를 통솔하고 여자 반장이 수업 마무리 인사를 통솔하는 순서에

의문을 제기했다. "인사는 돌아가면서 하자. 맨날 남자가 먼저 인사하고 여자가 뒤에 오는 건 이상하잖니?" 하필 그때 남자 반장이었던 나는 갑작스러운 권력 분점 제안에 놀랐지만, 생각 끝에 그 편이 더 자연스럽다는 걸 납득했다. 그러게. 여자가 왜 뒤에 와야 하는 거지? 덕분에 나는 남들과 달라 보일까 겁에 질리기 전 내가 어떤 아이였는지를 간신히 기억해낼 수 있었다.

생각해보면 씁쓸한 일이다. 누나들에게 문화적 수혜를 입어 한 번도 '남자답게' 길러진 적 없고, 부모님이 불화할 때마다 망설임 없이 어머니의 편에 섰던 나는, 정규교육과정이 시작됨과 동시에 정상성을 강요당했고, 또래 사이에서 탈락하게 될까 겁에 질려 남성성을 학습했으며, 여성을 대상화하는 것을 사교의 기술이라 착각하며 한 시절을 보냈다. 나도 그랬는데 '사내답게 씩씩하게' 자란 친구들은 어땠을까. 내가 경험한 교육현장에는 '남자는 반드시 이래야 하고 여자는 반드시 이래야 하는' 것 따위는 없다는 걸 일러주는 선생님보다 '씩씩한' 사내아이와 '조신한' 여자아이를 길러내는 걸 교육의 목표라 여기는 선생님들이 더 많았다. 남자애들이 여자애들의 몸매를 품평하며 음담을 나누는 걸 보고도 "적당히들 해라. 키 안 크고 뼈 삭는다" 정도로만 타이르고 넘어가는 선생님들이 더 많았던 시절, 우리는 수많은 동급생 여자아이들에게 트라우마를 안기고도 그걸 '질풍노도의 시기에 있을 법한 성장통'쯤으로 치부하며 자기합리화하는 법을 배웠다. 고백하건대 우리 가운데 대부분은 '잠재적 가해자'가 아니라 그냥 가해자였다.

　그나마 그 한두 명, 고정된 성역할에 의문을 제기하고 불편해질 각오를 하면서 날 붙잡아 가르치던 페미니스트 선생님들을 만나지 못했다면 난 어떤 사람이 됐을까. 아마 지금보다 더 많은 잘못을 저지르며 살았을 것이고, 내 상처를 잊겠다고 남을 상처 입히는 걸 예사로 여기는 사람이 되었을 것이다. 그러니 나로서는 간절히 소망할 수밖에 없는 것이다. 교육현장이 페미니즘을 고민하고 말하고 실천하는 선생님들로 가득하기를. 자신이 충분히 남자답지 못하다는 생각에 겁에 질려 방황하는 아이가 없기를. 남자아이들이 여성 일반에 대한 착취를 남자의 특질이나 덕목이라 착각하며 가해자로 자라는 일을 막을 수 있기를. 그래서 모든 아이들이 '성별과 무관하게 사람은 누구나 동등한 인격체로 존중받아 마땅하다'는 사실을 당연한 진리로 배울 수 있기를.

네 번째 목소리   학교에서는

무슨 일이

있었던 걸까

장일호

《시사IN》 기자

하필 하교시간이었다. 우르르 쏟아져 나오는 학생 얼굴 하나하나가 그날따라 유난히 눈에 밟혔다. 구체적인 얼굴들을 마주하며 계단을 오르는 동안 자꾸만 왈칵했다. 앳된 얼굴은 문자 그대로 예뻤다. 그 얼굴들을 보니 포기하고 싶지 않았다. 선생님들도 그런 마음인 걸까. "학교에 오랜만에 왔는데, 아이들이 참 예쁘네요." 나도 모르게 건넨 첫마디에 책상을 두고 마주 앉은 경력 28년차 선생님이 반색했다. "그죠? 아이들은 정말 예뻐요."

그즈음 자주 울었다. 처음엔 지쳤던 것 같다. '설마'로 시작한 취재가 한숨으로 바뀌기까지 오래 걸리지 않았다. 한 초등학교 교사가 성평등 수업을 진행했다는 사실이 인터뷰를 통해 알려지면서 시작된 페미니즘 교육 논란을 계기

삼아 시작된 취재였다. 이슈는 빠르게 성대결과 동성애 찬반(이라는 고루하고 한심한 주제)으로 번져 치달았다. 대체 학교를 둘러싸고 무슨 일이 일어나고 있는 걸까. 마음이 기운 곳으로 몸이 동하고 펜이 움직였다.

학교라는 공간은 아무리 추억 보정을 해봐도 언짢은 기억이 더 많은 곳이다. 학교는 군대·교회와 함께 근대화를 주도한 기관이지만 그 특유의 보수성은 지금에 와서 학교를 '적폐'의 공간으로 기능하게 한다. 뿌리 깊은 성차별 문화가 별다른 견제 없이 작동하는 공간으로 학교를 빼놓을 수 없다. 그런 만큼 교실 내 여성혐오도 만만치 않겠거니, 막연히 생각했다. 기존에 나왔던 기사들을 일별해 읽으면서 언론의 속성에 기댔다. 특이하니까, 이상하니까, 자극적이니까 '기사거리'가 되는 거라고. 나 역시 그렇게 나이브하게 '아이템'에 접근할 때가 많으니까, 그랬다.

그러나 학교에 만연한 혐오 문화는 교육현장에서 그렇게까지 '이상한' 일이 아니었다. 일반적이고 광범위한 일상이었다. "학교라는 공간이 외부에서 감시하기가 쉽지 않고 폐쇄적이다 보니까 다 기사화가 안 돼서 그렇지…. 밖에서 알면 기함할 일들이 하루가 멀다 하고 벌어져요. 무던해지지 않으면 내가 살 수 없으니까 같이 익숙해지는 거죠. 교사를 성추행한 교장이 도열한 교사들로부터 박수 받으며 명예롭게 퇴직하는 공간에서 아이들에게 뭘 가르칠 수 있겠어요." 3년차 선생님의 목소리는 담담했다. '당사자성'을 벗어야만 숨 쉴 수 있는 공간이 학교라는 듯, 관조하는 목소리였다.

유구한 여성혐오의 전통은 오늘에 와 인터넷 방송이나 SNS 같은 뉴미디어를 만나면서 폭발적으로 성장했다. 각종 기행과 혐오 콘텐츠로 수익을 내는 1인 방송이 10대들의 '또래문화'로 자리 잡으면서 그 수위와 정도도 높아졌다. 시대를 막론하고 '나쁜 문화'가 있어왔지만, 그 문화를 주도하는 세력이 일부가 아닌 다수가 되면 그때는 이야기가 달라진다. 교사들의 우려도 그 지점에서 출발한다.

포르노발 용어인 '앙 기모찌'는 남녀를 불문하고 수없이 많은 학생들이 쓰고 있었다. 이미 탈맥락·탈의미화되어 의미를 부여해 혼내는 사람만 이상해지는 분위기가 되곤 한다. 학생들에게 '개이득'과 '앙 기모찌'는 같은 말이다. 사회에서 '맘충'인 엄마는 교실에서는 '느금마'와 '니애미'가 된다. 어머니와 관련된 문학작품을 가르치기 어려울 정도로 엄마가 좋은 사람이면 이상한 일이라는 생각이 만연해 있다. 교사들은 "가슴이 크다" "다리가 예쁘다" 따위 언어 성희롱은 '애교 수준'이라 못 들은 척하고 넘어갈 때가 많다.

여성혐오는 이미 교실에서 다수를 이루고 있었다. 그 결과 학교 현장을 다룬 여러 기사들이 아이들의 '소년여혐'을 걱정하고, 어른의 눈으로는 이해할 수 없는 학생들의 기행과 언행에 초점을 맞췄다. 내 기사라고 다르지 않았다. 결과적으로 자극적인 부분이 발췌독되는 등 '그렇게' 읽혔다. 매주 실패의 기록을 남기지만 〈2017 학교 보고서, 페미니즘을 부탁해〉(《시사IN》 제520호) 기사는 뒷맛이 유독 썼다. 아이들에게만 책임을 전가하고 싶지 않았는데 그렇게 되어버린 것 같았다. '어른의 몫'을 다하지 못했다는 죄책감이 어깨를 자꾸만 지긋이 눌러왔다.

취재할 때도 자주 진창에 빠지곤 했다. "어떻게 해야 할까요." 질문과 넋두리 사이에서 취재원도 나도 계속 서성이고 맴돌았다. 매번 약속한 시간을 훌쩍 넘겨 학교 현실을 격렬하게 토로하던 선생님들의 마지막 말은 짠 듯이 똑같았다. "그래도 아이들은 착해요. 착한 아이들이 더 많아요." 말 끝에 수줍게 웃는 모양까지 닮은 선생들의 얼굴을 보며 나는 저런 사람들이 선생을 하는 거구나 생각했다. 교사들은 자신의 관심이 아이 한 명을 어떻게 바꾸는지를 경험으로 알고 있었다. 기다린 시간만큼 아이들은 자랐다. 변화의 가능성을 믿지 않으면 할 수 없는 일이었다. 교육의 본령은 그

학교 현실을 격렬하게 토로하던
선생님들의 마지막 말은 짠 듯이
똑같았다. "그래도 아이들은
착해요. 착한 아이들이 더 많아요."
나는 저런 사람들이 선생을
하는 거구나 생각했다.

런 모습이구나, 나는 자주 감탄했다. 그러니까 취재하는 동안 울었던 눈물의 절반은 존경이었다.

물론 대개의 교사는 학교라는 보수적으로 기획된 공간 안에서 '교육'보다는 '관리'를 택한다. 내가 만났던 분들처럼 문제의식을 가지고 자신의 자리에서 실천까지 이어가는 교사는 한줌이었다. 그들은 자신의 수업 시간을 쪼개고, 누가 시키지 않은 공부를 계속하고, 그걸 다시 아이들이 소화할 수 있도록 나눠서 떠먹이는 '보이지 않는 노동'을 하고 있었다. 그 모든 걸 쓸데없는 짓이라고 여기는 학부모들의 반발도 견뎌야 했다. 위축되기 좋은 환경이었다. 나는 내가 만난 선생님들의 이름을 단 한 명도 실명으로 쓸 수 없었다. 페미니즘 교육이 필요하다는 목소리를 낸 선생님들은 신상이 털리고, 비난의 대상이 되고, 모욕당하는 자리에 서 있었다. 그들 덕분에 우선순위에서 늘 밀려왔던 성평등 교육의 필요성이 사실상 처음으로 교육계 안에서 논의되기 시작했지만, 사회적 반발 역시 만만치 않았다. 목소리를 내면 어떻게 되는지 똑똑히 보라는 듯 집단 민원이 줄 이었다. 성평등 교육은 동성애 교육으로 프레임이 바뀌어 보수언론과 손을 잡았다.

모두가 목격했지만 아무도 보호막이 되어주지 못했다.

교육계도 마찬가지다. 교권침해 앞에서 속수무책이었다. 서울시교육청은 2016년 3월, 16개 시·도교육청 최초로 성인지 관점에서 교육 정책에 대한 의견을 제시할 성인권정책전문관을 임용했지만 이를 활성화하기 위한 업무조직이나 체계가 미흡한 상태다. '자리'는 있지만 '권한'은 거의 없다시피 하다. 교육부의 관련 업무도 양성평등교육·폭력예방교육·성교육 등으로 분리돼 여러 부서로 쪼개져 있다. 사실상 통합적인 성평등 교육 관련 전담부서가 없는 셈이다.

가해자나 피해자가 '되지 않기'를 중심으로 가르치는 성교육이나 성폭력예방교육 등 젠더 교육은 분절돼 있다. 물론 이를 성평등 교육으로 묶어 일원화하기 위한 제도권의 움직임이 없지는 않다. 제도는 일정 부분 인식의 변화를 강제하지만 갈 길이 멀다. 성평등에 대한 사회 전반의 이해 부족은 종종 단단한 '벽'이다. 2017년 2학기부터 중학교 1학년을 대상으로 서울시 〈성평등 기본 조례〉에 근거해 시범 실시되고 있는 '성평동(성평등한 우리 동네 만들기)'이라는 민관협치사업 과정이 그러했다. 개별 학교와 수업 내용을 협의하는 과정에서 교사들이 보인 우려는 다음과 같았다.

"'요새 남자애들 기가 많이 죽었으니까 남자애들 차별받지 않는 교육해주세요'라고 하시는 분들도 있고요. '페미

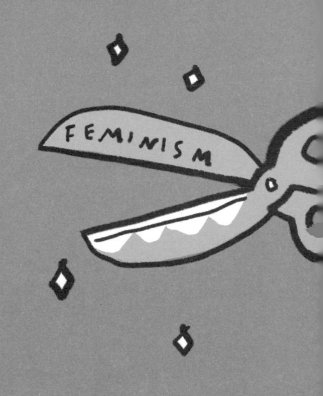

니즘 교육하는 거 아니죠?'라고 묻기도 하고, '왜 양성평등이 아니라 성평등이라고 하느냐'라고 말씀하기도 하세요. 동성애 교육 하는 거라고 생각하시는 거죠.(함경진, 아하!청소년성문화센터 활동가)"

학생들이 하루 중 가장 많이 만나는 '어른'인 교사들은 현실 감각이 부족하고, 학교에서 시행하고 있는 젠더 관련 교육은 '이벤트성'으로만 진행된다. 현실에서는 젠더 이슈와 관련해 스스로 자기 점검을 해보거나 따로 교육 받은 경험이 없는 교사가 다수다. 온라인에서 생산된 많은 콘텐츠가 현실에 영향을 주고 있는데도 정작 교사들은 특별한 관심이 없다. 그래도 되기 때문이다.

이런 무관심 속에서 혐오 발언은 안전함을 보장받는다. 아이들의 커뮤니티는 누가 더 수위 높은 발언을 할 수 있느냐를 놓고 경쟁한다. 그나마 성평등 교육에 관심을 보이는 교사들 가운데 "페미니즘이 아니라 '이퀄리즘' 교육을 해야 한다"라고 주장하는 경우도 왕왕 있다. 이퀄리즘은 페미니즘을 공격하기 위해 한 누리꾼이 만들어낸 가상의 개념이다. 그런 풍경 속에 현장의 수많은 '교사 A'들은 입 다무는 쪽을 선택한다. 많은 선생님들이 소란보다는 고요를 선호한다. '결혼 1순위는 젊은 미혼 여교사, 2순위는 늙은 미혼 여교사, 3순위는 돌싱 여교사'라는 소리를 '농담'으로 듣고 웃어야 교무실 서바이벌에 성공한다. 교사 사회 역시 '모난 돌이 정 맞는' 작은 한국이다.

교육은 '시민'을 길러내는 데 계속해서 실패하고 있다. 성평등은 교육의 일부 주체가 달라진다고, 혹은 각성한다고 해서 달성되지 않는다. 학생과 교사와 학부모와 사회의 총체적인 문화를 디자인하는 거대한 기획이어야 한다. 제도권은 이 전환점의 주도권을 누구에게 쥐어줄지 선택해야 한다. 나는 그 주도권이 페미니스트 선생님에게 돌아가야 한다고 생각한다. 한 교사의 이 말을 나는 오래 곱씹었다. "부모들부터 공부 잘하는 딸들이 도전할 수 있는 최고치를 교대에 진학해 선생이 되는 거라고 하잖아요. 저 역시 그런 살림 밑천 같은 존재였고(웃음). 학창시절에 페미니스트 교사를 만났더라면, 교사가 되지 않았을 거 같아요. 저한테 다른 가능성이 많다는 걸 알 수 있었을 테니까요. 저는 그렇게 살지 못했지만, 학생들에게 다양한 삶과 여러 가능성이 있다는 걸 알려주고 싶어요."

다섯 번째 목소리　　　페미니스트
　　　　　　　　　　　　교사를
　　　　　　　　　　　　위하여

이민경

작가,《우리에겐 언어가 필요하다》 저자

온라인상에서 페미니즘 교육의 필요성을 이야기한 한 교사가 도를 넘은 비방과 공격에 시달렸다. 관련 기사마다 악플이 달렸던 건 물론이고 페미니스트 교사를 학교 밖으로 내보내라는 요구도 거셌으며, 온라인과 오프라인을 막론하고 교사의 일거수일투족을 감시하기까지 했다. 그런 일을 벌인 사람들의 대부분은 '교사란 무릇 정치적 중립을 지켜야 하는 존재'라고 했다. 이들에게서는 비판해야 마땅한 것을 비판하고 있다는 당당한 태도가 엿보인다. 그러나 완벽히 중립적이거나 객관적인 입장이란 환상에 불과하다. 현실에서 우리가 취하는 어떤 입장도 정치적이지 않을 수 없다. 같은 사회를 일구어갈 구성원을 만드는 기관으로서의 학교역시 언제나 그러했다.

정치적이지 말라는 목소리야말로 가장 정치적이다. 열렬히 행동함만이, 주된 흐름을 거스르는 움직임만이 정치적인 것이 아니다. 비정치성을 강조하는 태도와 그 결과가 결국 무엇이었는지, 이명박·박근혜 정권을 거치면서 우리는 이미 잘 경험한 바 있다. 아무것도 모르면 그저 가만히 있으라는 명령은 입장을 가지고 연결되고 행동하기를 꺼리는 개인을 낳았다. 스스로를 신중하고 중립적이라 여긴 개인들은 잘못된 현상을 유지하는 데 기꺼이 힘을 실었다. 우리는 기꺼이 정치적이어야만 한다. 그로써 이제 막 사회의 구성원이 된 이들에게 무엇을 전수할 것인지, 어떤 가치를 함양하게 할 것인지, 그러기 위해서 무엇을 어떻게 가르칠 것인지 적극적으로 탐색하고 선택해야 한다. 나는 학교로부터 식민지였던 역사를 배우고 민주주의와 그것을 가능케 했던 이들의 이름을 배웠다. 나의 밑거름이 되었던 이 모든 자산은 학교가 아니었다면 배울 수 없었을 가치였다.

내게 학교는 성숙한 인간으로 거듭날 수 있는 공간이었던 동시에 폭력과 위계관계가 지배하던 공간이기도 했다. 선생과 학생 간의 뚜렷한 위계관계도 잔인했지만 그 위계는 성별을 기준으로도 분명하게 나누어졌다. 여학생인 내가 다녔던 학교라는 공간에는 우리를 때렸고, 만졌고, 성적인 농

여학생이었던 내게 정해진
성역할을 따르라고 하지 않고, 더
배우고 더 자유로워지라고 말하던
이들은 스스로 그렇게 이름
붙이지는 않았지만 돌아보면 모두
페미니스트 교사였다.

담을 건넸던 남자 선생님과 남학생들이 있었다. 학교를 떠난 지 한참이 지난 지금에도, 그 공간에 머무는 폭력의 크기는 결코 작아지지 않았다. 오히려 더 심한 폭력과 혐오가 학교 전체를 지배하고 있다. 한 학교에서만 몇 백 명을 추행하고 몰카를 설치하는 등 언어와 신체와 디지털 미디어를 이용한 성폭력이 끊임없이 일어났다. 심지어는 학부모를 대상으로도 교사가 성적인 언행을 일삼았다. 그러니 학교는 다른 어느 사회집단에서와 같이 성별권력이 무소불위로 날뛰는 곳이지, 절대로 안전한 공간이 아니다. 아직도 아니다. 세월이 흐른 뒤에 전해 듣는 학교 안에서의 이야기가 더 잔인하다는 것은 오히려 시간이 스스로 진보를 가져와주지 않는다는 점을 확인하게 한다.

그렇기에 폭력에 맞서는 일은 시급한 과제다. 이미 우리에게는 폭력으로부터 아이들을 지켜낼 시간이 그리 많지 않다. 교사의 정치적 중립만을 되뇌느라 시간을 지체하면 이미 붕괴된 사회가 더 빠르게 망가질 것이다. 아이들은 폭력 속에서 영혼의 일부가 가둬진 느낌을 받으며 살아가거나 그 자신이 폭력의 일부가 되어 타인을 해할 것이다. 그러나 우리가 고민해서 만들어야 할 학교란, 학교에서 아이들이 얻어가기를 바라는 모습이란, 결코 그런 게 아닐 듯하다.

학교에서 폭력을 경험한 동시에 폭력이 옳지 않았음을 배웠던 나로서는, 페미니스트 교사가 오늘 처음 생겨난 양 대하는 이들의 모습이 낯설다. 페미니스트 교사는 지금 등장한 것이 아니다. 우리는 우리에게 폭력과 억압의 문화를 강요하는 선생님을 겪어야 했지만, 그로부터 우리를 지켜준 선생님도 가끔 만났다. 여자라고 못 한다고 생각하지 말고, 무엇이든 즐겁고 자유롭게 배우고 부당한 일에는 주저 없이 목소리 높이라고 북돋아주는 그들은 이미 있었다. 그들 덕분에 우리는 학교를 답답하고 폭력적이라고 느꼈음에도 썩 괜찮은 면도 있던 곳이라고 추억할 수 있었다.

여학생이었던 내게 정해진 성역할을 따르라 하지 않고, 더 먼 곳으로 가라 하고, 더 배우고 더 자유로워지라고 말하던 이들은 스스로의 정체성을 그렇게 이름 붙이지는 않았지만 돌아보면 모두 페미니스트 교사였다. 그들에게 아쉬워하는 점이라고는 오직 그들이 더 많이 필요했다는 점뿐이다. 그런데 이들을 학교에서 내보내라니. 페미니스트 교사가 사라진 학교에는 과연 무엇이 남는가. 무엇을 가르칠지 고민한 끝에 성별로 인한 억압과 차별과 폭력에 반대하는 목소리를 절취하기로 결정한 학교란 과연 존립할 이유가 있는가. 페미니스트 교사들이 사라진 채 통과해야 할 긴 교육과정 동안, 누가 우리를 있는 그대로도 괜찮은 존재라고 여기게 해줄 것인가. 더 나아질 수 있는 기회를 줄 것인가. 나도 모르게 타인을 해하는 일이 없도록 일러줄 것인가. 잠잠해지기는커녕 거세지기만 하는 폭력에 맞설 수 있는 힘은 페미니스트 교사에게 있다. 사회가 원하는 교사로 머무는 대신 우리가 원하는 사회를 만들고 지키기 위해 용감히 나선 이 교사들을 지켜야 한다.

페미니즘은 학교 밖으로 내몰려야 하기는커녕, 진작 정규 교육과정에 도입되었어야 했다. 그랬다면 학교는 우리에게 좀 더 안전하고 자유로운 공간일 수 있었다. 애증이 아닌 애정을 담아 학교를 기억할 수 있었을 것이다. 학창시절을 회고했을 때 곧바로 후회가 드는 일은 내 대에서 끝나야만 한다. 비록 늦은 감은 있지만 곧 그렇게 될 것임을 확신한다. 페미니스트 교사라는 이름으로 모습을 드러낸 그들이 또 다른 그들의 등장을 부를 것이기 때문이다. 기어코 그들은, 언제나 현상 유지라는 입장을 취하기 마련인 학교가 유지하려고 들 더 나은 새 현상을 만들어버릴 것이다.

새로운 세대의 이들이 학창시절에 페미니스트가 아닌 교사를 만나지 않기를 기원한다. 그리하여 나보다 더 안전하고 자유로운 삶을 살기를 바란다. 오늘날의 페미니스트 교사들 역시 오직 이것만을 바라며 등장했을 것이다. 보수적인 집단에 몸담고 있으면서도 목소리를 내고 행동하는 이들의 용기에 무한한 경의를 표한다.

2부

우리 선생님은
페미니스트

여섯 번째 목소리

**페미니스트가
아니면서
좋은 교사일 수는
없었다**

최현희

초등학교 교사

교사가 된 이래 십 수년 동안 나를 끊임없이 괴롭힌 문제는 '수업과 삶 사이의 긴장'이었다. 수업을 기막히게 잘하는 교사가 되고 싶은 욕심에 어둑어둑해질 때까지 학교에 남아 교재를 연구하고 수업 자료를 만들던 때가 있었다. 하지만 이상하게도 수업은 늘 만족스럽지 않았다. 그땐 도대체 뭐가 문제인지 몰랐지만 이제는 어렴풋이 알 듯하다. 나의 수업은 아이들의 삶과 한참 떨어져 있었다. 수업을 통해 아이들을 만나고 가르치는 게 아니라, 오직 완성도 있는 수업 그 자체가 목표였으니 아이들 한 명 한 명이 깊이 보일리가 없었고, '만남'이 없는 교육이 잘될 리가 없었다. 그저 파편적이고 분절적인 교과목의 한 대목 한 대목을 충실히 수업시간에 효과적으로 전달하고 가르친다고 해서 좋은 교사가 되는 게 아니라는 걸, 수업 준비에 온 열정을 다 바쳐 보고 수차례 실패한 후에야 깨달았다. 수업 준비에 온 열정을 다 바칠수록 오히려 아이들과는 더 멀어질 수 있다는 역설을.

'삶을 나누지 않는 교육이 가능한가?'라는 질문이 다음으로 찾아왔다. 교사가 아이들의 삶을 따뜻하지만 냉철한 시선으로 응시하고 동시대인으로서 그들의 삶과 연결되어 있지 않으면서 좋은 수업이라는 것이 가능한가. 또 교사가 자신이 속한 사회이자 아이들이 살아갈 사회에 두 발을 단단히 딛고 시민으로서 사유하고 행동하지 않으면서 의미 있는 배움을 이끌어낼 수 있는가. 학생들이 한 사람 한 사람의 시민으로 성장해가는 과정을 도울 수 있는가.

이 질문을 가슴에 품었을 때부터였던 것 같다. 단위 수업을 준비하는 것만큼이나 아이들의 삶과 내가 속한 사회에 더욱 관심을 갖기 시작한 게. 그리고 그 무렵 페미니즘을 만났다. 페미니즘으로 내 삶을 해체하고 새로운 언어로 다시 세우기까지의 과정은 고통스럽지만 지적인 희열과 해방감을 만끽하는 시간이었고, 사실 얼마간은 학교가 보이지 않았다. 그 기간을 떠올려보면 아이들과 삶으로 만나겠다고 고민하고 실천하면서 어떻게 학교와 나의 삶이 그다지도 분

리될 수 있었을까 의아하기만 하다. 아마도 교실 안팎에 스며든 차별과 혐오의 관습이 너무 자연스럽고 일상적이었으므로 그 가운데 작은 것 하나라도 의심하고 낯설어한다는 게 두려웠을 것이다.

하지만 아이들의 삶 속으로 깊이 들어가 그들의 말과 행동을 유심히 들여다보면 결국 외면할 수 없는 수많은 질문 앞에 서게 된다. 페미니즘을 몰랐다면 답을 스스로 찾지 못하고 사회의 굳어진 관습과 편견의 관성으로 무심히 지나쳤을, 아니, 떠올리지조차 못했을 질문들.

3학년 우리 반과 문학수업을 할 때였다. 안락한 집을 떠나 모험을 하는 토끼의 이야기였다. 토끼의 모험이 시작되려는 대목에서 나는 아이들에게 여러분이 살고 싶은 삶은 어떤 것이냐고 물었다. 대부분의 남자아이들이 모험을 선택했고, 한 명을 제외한 모든 여자아이들이 안전한 삶을 선택했다. 이것은 남녀의 생물학적인 차이일까? 문화적인 현상일까? 생물학적 차이가 있다손 치더라도 개별적인 성향의 차이가 분명 있을 텐데 어떻게 이렇게 성별에 따라 확연하게 차이가 날까?

우리 반에서 교사나 친구들의 말을 자르고 끼어들거나 몸싸움을 하고 수업의 맥락과 상관없는 말을 하는 등의 행동을 하는 아이들은 대부분 남자아이다. 여자아이들은 대체로 교사의 말을 순종적으로 따르는 편이며 규칙을 잘 지키고 남의 말을 귀 기울여 듣는다. 교사들은 이를 타고난 성별의 차이로 수용하는 말을 일상적으로 나눈다. "남자아이들이 다 그렇지." "여자애들은 너무 예쁘지." 또 질문을 해본다. '타고난' 걸까?

진로탐색활동을 할 때였다. 비행기를 좋아하는 두 아이 가운데 남자아이는 기장의 꿈을 적었고, 여자아이는 승무원의 꿈을 적어냈다. 비슷한 질문을 해본다. 여기에 젠더의 문제는 없을까?

6학년 담임을 했을 때의 쉬는 시간 풍경이다. 여학생들이 내 주위로 빙 둘러서서 외모에 대해 푸념을 늘어놓았다. "난 얼굴이 너무 각졌어." "난 너무 뚱뚱해." "난 너무 눈이 작아."… 아무리 내가 지금 그대로의 모습으로 충분하다고 말해줘도 아이들 귀에 가닿지 않는다. 자기 외모에 비교적 무감하거나 장난스럽게 자신감을 내비치기도 하는 남학생들에 비해 여학생들이 자기 몸을 지나치게 높은 기준으로 평가하는 현실을 그저 자연스럽게 받아들여도 될까? 이 질문을 처음 진지하게 던지던 날의 퇴근길이 아직 선명하다. 길거리 사방에 마르고 젊고 '예쁜' 여자들의 전신사진이 상

페미니스트라고 저절로
좋은 교사가 되는 것은 아니겠으나
페미니스트가 아니면서
좋은 교사일 수 있는가에 대해서는
회의적이다.

점·버스·지하보도 등 어디에나 걸려 있었다. 텔레비전을 틀어도 마찬가지였다. 다양한 연령대·체형·외모 등의 남성이 보이는 것에 비해 여성은 대부분 표준화된 '미모'를 가진 날씬하고 젊은 여성이었고, 나이대가 있는 경우에는 대부분 육아와 가사를 책임지는 '엄마'나 '주부'의 역할로 등장했다. 여아들은 미디어를 통해 뛰어난 외모나 모성적 자질을 보여주는 것을 넘어서는 다양한 여성 롤모델을 경험하기가 힘든 환경이라는 걸 깨닫는 순간이었다.

다섯 살 내 아이에게 무심코 틀어주던 유아 애니메이션들도 다시 보이기 시작했다. 대부분의 애니메이션에서 모험을 통해 성장하는 주인공은 남성이었고, 여성 캐릭터는 수도 적을 뿐더러 분홍색 리본 등으로 역시 '여성성'으로 표상화되어 주요 남성 인물을 보조하는 역할을 수행하고 있었다. 내가 만난 학생들이 대부분 이러한 미디어 환경에서 자라왔으리라.

운동장의 풍경도 낯설게 다가왔다. 초등학교 발달단계의 아동에게 신체활동은 성별을 떠나 매우 중요하지만 점심시간에 축구를 하고 뛰노는 아이들의 성별은 대부분 남학생이었다. 방과 후 스포츠클럽에서의 성비도 당연하게 남학생의 비율이 압도적이었는데, 이를 매우 당연시 여기는 학교

풍토 역시 낯설게 느껴졌다. 페미니즘의 필요성을 말한 인터뷰 영상에서 남학생들이 운동장을 독차지하는 데 문제제기한 부분이 가장 논란이 되어 나는 한동안 일명 '운동장여교사'라고 불리기도 했는데, 나를 비난했던 사람들 다수는 그 모든 것이 여자아이들의 '선택'이라고 주장했다. 교사로서 내가 궁금했던 건 '왜 여자아이들은 운동장을 떠나는 선택을 하는가'였다. 교육자라면 사회가 여성을 길러내는 방식에 대한 고민 없이 이러한 현상을 단순히 개인의 선택으로 치부하는 대신 그 선택의 원인과 결과에 대해 진지하게 성찰해야 한다고 생각했다.

질문은 계속 이어졌다. 그렇다면 교사로서 난 무엇을 할 수 있는가. 우리 사회에 만연한 혐오와 차별은 교실에 고스란히 스며들어 일상이 되어 있다. 교실에서 자행되는 약자를 향한 폭력, 일상적으로 사용되는 혐오의 언어에 아이들이 어떻게 이럴 수가 있느냐며 놀라는 동료들을 볼 때마다 나는 의아했다. 아이들의 교실 일상은 고스란히 아이들이 살아가고 있는 사회의 반영이다. 아이들이 살아가는 삶을 구체적으로 들여다보지 않고 그들의 잘못된 언행을 규범적으로 나무라는 것이 과연 타당하며, 또 그런 방식의 교육이 가능한가? 사회에 이미 만연한 혐오나 차별과는 상관없이 '아

이들'을 그저 맑고 순수해야 할 존재로 기대하는 것은 아동에 대한 명백한 타자화이자, 일종의 '아동혐오'가 아닐까.

교사로서 내가 할 수 있는 일은 어떻게 보면 아주 많기도 했고, 또 한편으로는 미미하기도 했다. 아이들의 말과 행동 사이사이 스며 있는 우리 사회의 혐오와 차별을 교사 개인의 힘으로 바로잡는 것은 사실 불가능한 일일지 모른다. 그러나 아이들 한 명 한 명의 삶을 생각할 때 아무것도 안 하고 있는 것보다 뭐라도 해야 한다는 절박함이 있었고, 실제로 교실 속에서 페미니즘을 고민하고 실천하는 과정에서 인권에 대한 감수성과 약자성에 대한 이해가 학급의 문화로 자리 잡는 모습을 보는 것, 생활 속에서 성차별과 성편견을 민감하게 인지하게 된 아이들이 가끔은 오히려 나를 따끔하게 지적하는 것을 볼 때면 페미니즘 교육의 작지 않은 힘을 느꼈다.

페미니즘은 이처럼 학급이라는 하나의 작은 사회가 평등하고 자유로운 공간이 될 수 있도록 만드는 중요한 렌즈로 기능했는데, 무엇보다 교사와 학생 사이의 관계를 돌아보는 데 유효했다. 페미니즘은 끊임없이 관계의 권력을 성찰하는 학문이다. 내가 교사의 권력을 아이들에게 휘두르고 있지 않은지 매순간 점검하게 하고, 아이들 한 명 한 명을 주체적인 인격으로 존중하고 평등한 관계 위에서 교육을 해 나가고 있는지를 매일 질문하게 했다.

초반에 페미니즘을 학교로 가져올 때는 그것이 수업의 형태여야 한다는 생각에 몰두하여 수업의 주제를 잡고 수업 설계를 하느라 시간을 많이 보냈다. 그러나 서두에 말했듯 교사는 수업으로만 말하지 않는다. 교사의 삶과 존재 자체 가 하나의 교육과정이며, 교사의 삶을 향한 태도에 아이들 은 큰 영향을 받는다. 우리 사회에는 정치·미디어·문학작품 등 다양한 삶의 영역에서 주체적이고 당당한 여성 롤모델이 현저히 부족하다. 나는 아이들에게 성역할에 구애되지 않는 자유로운 여성으로서의 롤모델이 되어줌과 동시에, 사회에 서 한 명의 시민으로서 혐오와 차별에 맞서 행동하는 참여 자가 되어야 했다. 이는 매우 부담되는 일이었지만, 꾸준히 나를 성장시켜왔다. 교직원 회의와 같은 공식적인 자리에서 위축될 때마다 나는 늘 나의 역할을 상기했다. 용기를 내는 여성이 되는 것, 두려움을 극복하고 목소리를 내야 하는 상 황에서 일어나 입을 여는 것을 교실 밖에서도 늘 실천하기 위해 노력했고, 그러한 삶의 태도와 힘은 고스란히 아이들 에게 전달되었을 것으로 믿는다.

초등교사는 아이들과 많은 시간을 보낸다. 아침에 서

로 반갑게 인사를 나눔과 동시에 하교할 때까지 모든 시간을 함께한다. 수업의 내용은 물론이고 교사가 건네는 말, 아이들을 향해 짓는 표정, 아이들의 말과 행동에 대한 다양한 피드백, 몸짓과 말투까지. 아이들과 교사의 상호작용 속에서 교사는 무수한 메시지를 아이들에게 건넨다. 그 속에서 교사는 페미니즘을 통해 평등과 인권에 대한 많은 배움을 이끌어내며 함께 배우고 성장할 수 있다. 여자아이들을 외모로 칭찬하거나 평가하지 않고 성취로 인정하기, 우는 남자아이들을 안아주고 감정을 솔직하게 표현할 수 있도록 격려하기, 학급놀이나 수업활동에서 성별로 아이들을 가르지 않고 다양한 기준과 방법 고민하기, 서로의 경계를 존중하고 몸을 함부로 만지는 행위를 심각한 성적 폭력으로 여기도록 가르치기, '여자아이가' '남자아이가'라는 말을 일체 사용하지 않기, 성별의 차이보다는 개별적 특징에 주목하기, 성차별적 언어 사용하지 않기(이를 위해서는 무엇이 성차별적인 언어인지를 공부해야 한다)….

학교에 페미니즘이 필요하다는 짧은 인터뷰 영상으로 공격과 비방에 시달렸다. 허무맹랑한 허위 사실이 나를 둘러쌌고 '남혐 교사', '동성애 조장(?) 교사'로 매도당하며 숱한 공격을 받는 동안 몸과 마음도 말할 수 없이 지쳤다. 그러나 학교에 페미니즘이 필요하다는 선언을 철회할 수는 없다. 인터뷰에 응했던 당시를 후회하지도 않는다. 필요한 말을 필요한 시기에 했고, 사회 변화의 물결 속에서 학교에서도 가시화되었어야 할 페미니즘이 드디어 활발하게 논의될 수 있는 계기가 되었다고 보기 때문이다.

나는 교사라면 누구나 페미니스트여야 한다고 믿는다. 페미니스트 교사가 대체 별거인가? 인간을 성별로 제한 짓지 않고 위계적인 성별 이분법 안에 무한한 잠재력을 지닌 아이들을 우겨넣지 않는 교사, 자신의 교실 언어와 일상 언어에 스민 차별과 편견은 물론, 교육활동의 모든 관습에 질문을 품고 고민하는 교사가 바로 페미니스트 교사이다. 페미니스트라고 저절로 좋은 교사가 되는 것은 아니겠으나 페미니스트가 아니면서 좋은 교사일 수 있는가에 대해서는 회의적이다.

앞서 말했듯 이 사회의 여자아이들에게는 롤모델이 필요하다. 학교에 왜 페미니즘이 필요한지를 말하고 숱한 공격을 받았으나, 당당하게 웃으며 한 발 한 발 담담히 학교로 걸어 들어가 아이들과 다시 즐거운 일상을 되찾을 것이다. 이것도 내가 좋은 교사가 되기 위한 길의 한 여정이라 믿는다.

일곱 번째 목소리   여성, 교사, 페미니스트

서한솔

초등학교 교사

초등성평등연구회에서 페미니즘 수업을 연구하고 실행한 지 1년쯤 지났을 때 학교를 옮겼다. 초등성평등연구회에서 활동한 경험 덕에 혁신학교로 초빙되어 옮겨갈 수 있었다. 나를 소개하는 포트폴리오에 내가 했던 성평등 수업을 소개하는 말로 인권 수업, 민주시민 교육이라는 표현을 사용했다. 그게 더 인정받을 수 있을 것 같다고 판단했다.

생각해보면 그렇게 죽어라 연구하고 수업했으면서도 정작 아직까지 페미니즘 수업이라는 말을 학교 현장에서 사용해본 적이 없다. 고작해야 '성평등 수업'인데 그 말을 하면 떠오르는 이미지는 동영상 몇 편을 시청한 다음, 의미 없는 대회를 통해 아빠가 요리하는 모습의 그림이나 "남자와 여자는 같아요" 따위의 문구가 들어간 시 몇 편을 뽑아 전시하는 일이다. 한마디로 의미 없는 일 덩어리.

이렇듯 성평등이란, 학교 현장에서 너무나도 사소하고 단편적인 주제라 이 분야에 관심이 있다고 하면 이런 질문을 받게 된다. 왜 이런 걸 하는가. 나의 능력을 보다 유망한 분야에 활용하는 것이 좋겠다는 애정 어린 간섭엔 언론에서 페미니즘이 핫한 주제라는 것을 핑계 삼을 때가 많다. "이게 블루오션이거든요."

내가 골칫거리가 아닌지 의심하는 시선엔 인권과 민주시민·세계시민 교육을 끌어온다. "교육에도 유행이 있기 마련이지. 잘해봐"라는 말과 함께 누그러진 시선이 무엇을 의미하는지 안다. 너도 그냥 대세 따라 한번 해본 거지 진정은 아니었구나. 난 거짓말은 한마디도 하지 않았다. 성평등 교육은 당연히 인권 교육과 연결되고, 민주시민의 기본 덕목과 세계시민으로서 필요한 역량을 기르는 길이니까.

하지만 이렇게 잘 받아들여질 방법으로 나의 열정을 소개할 때마다 어딘가 어긋나는 느낌이 드는 것은 어쩔 수 없다. 이게 올바른 길일까. 두려움 때문에 전략이라는 핑계로 깨부숴야 할 무언가를 회피하고 있는 것은 아닐까?

그러나 그저 요만큼의 표현을 한 것만으로도 내가 느끼는 부담감의 크기는 작지 않았다. 록산 게이의 책《나쁜 페미니스트》에 적힌 소개 글, "나는 페미니스트가 되지 않기보다는 나쁜 페미니스트를 택하겠습니다"를 불경처럼 외우며 스스로를 다독였지만 페미니즘은 내가 해오던 많은 행동을 할 자유와 사교 표현을 앗아갔던 것이다.

차라리 누군가 대놓고 성차별적인 표현을 하는 걸 지적하기는 쉬웠다. 나의 고용주는 그런 일로 나를 자르지 못하니까. 그러나 갓 옮긴 학교에서 새 동료 교사와 친해지기 위해 으레 하는 외모에 대한 덕담, 티타임에 화제로 오른 성차별적인 드라마에 대해 내가 어디까지 이야기해도 되는지에 대한 고민, 우리 반에 들어온 다른 교사가 아이들에게 건네는 성역할이 담긴 칭찬들. 말을 하면 한 대로 안 하면 안 한 대로 머리를 벽에 박으며 괴로워할 수밖에 없는 상황이 너무 많았다.

비정규직 강사 선생님이 "선생님 반 여학생들은 여자답지 않아서 좋네요"라고 학생들 앞에서 말했을 때 그 발언을 지적하는 것은 나의 정규직으로서의 위치를 이용한 부적절한 억압이 아니었을까. 내가 실수로(?) 외모를 칭찬했을 때 사교적으로 웃어주신 그 선생님은 외모 칭찬도 평가라며 하지 말자고, 유난스레 연수까지 하며 동료 교사들 앞에서 발언해놓고 정작 자기 입 간수 하나 못하는 나를 한심하다 생각하진 않으셨을까.

결국 학교에서 열리는 모든 모임에 가기 싫은 지경에 다다랐다. 모임에서 누군가가 성차별적인 발언을 하면 나서서 무언가 해야 할 것만 같았는데, 그렇게 한 번 나서면 내가 지고 다녀야 하는 굴레는 더욱 무겁고 크게 나를 짓눌러왔으니까. 급기야 학교 화장실에서 립스틱을 바르기 전에 그 정당성을 고민하는 지경에 이르고 나서야 인정할 수 있었다. 《나쁜 페미니스트》100번 읽었지만 나는 그래도 나만은 완벽하고 일관적이며 티끌 하나 지적당할 수 없는 그런 페미니스트이기를 바라고 있었다는 걸.

결론은 무엇인가. 사실 없다. 나는 동료 페미니스트들이 그러하듯 매일의 장면에서 싸우다가, 혹은 싸우기를 포기하며 고통스러울 것이다. "우리는 서로의 용기가 될 거야"가 지금도 오글거린다고 생각하지만, 결국 나 또한 서로의 용기가 되는 것 외에 다른 길을 찾아내지 못했다. 내가 원하는 엔딩은 누군가가, 가급적이면 내가 〈원더우먼〉이 되어 다 죽여버리는 것이지만 우리의 현실은 〈히든 피겨스〉(보다 못한 어떤 것)이라고 해야 할까.

그나마 혁신학교에서는 대화하는 집단의 크기가 작아 숨통이 트인다. 학교마다 다르겠지만 혁신학교는 이른바 부

내가 읽었어야 할 이야기를 읽으며
어린 시절을 보내는 학생들이 있다.
이들을 보며 나는 세상이 달라질
것임을 확신하고, 이것은 여성 교사
페미니스트이기에 얻을 수
있는 기쁨이다.

장회의에서 결정되어야 할 많은 일들이 학년 단위로 옮겨와 있다. 돈도 학년에서 자유롭게 쓴다. 덕분에 나와 이웃하는 한둘의 교사와 대화하는 것만으로 무언가를 바꿀 수 있다. 우리 학년은 이제 남성용과 여성용 준비물을 구분해서 사지 않는다. 이 모든 영광을 〈겨울왕국〉의 엘사에게 돌리고 싶다. 엘사는 여자아이들에게 하늘색을, 파랑색을 되돌려줬다. 아무쪼록 하루 빨리 핑크를 입은 히트작 남자 주인공이 나오기만을 기다리고 있다.

1년만 해봐도 알 수 있다. 여교사와 페미니즘은 친해지려야 친해지기 힘든 단어다. 여성혐오적인 문화에 오염된 아이들이 만들어내는 수업상의 어려움은 차라리 두 번째 문제다. 소개팅 시장의 여교사 이미지를 보라. 나는 나라에서 정한 육아휴직과 출산휴가를 경력단절 없이 최대로 이용할 수 있고, 독박육아와 독박가사 끝에 아이를 유치원에 입학시킬 것이며, 이후 복직해 아이를 끼고 초등학교에 다니며 육아 암흑기라 불리는 초등 저학년 시기를 넘긴 후, 교사에게 기대할 법한 빼어난 솜씨로 아이를 명문대에 보내고, 62세까지 월급 따박따박 받으며 일찍 출근하고 일찍 퇴근해 가족의 밥을 해주다 늙어선 연금까지 타먹을 수 있는, 그러나 변호사·의사·검사·판사·약사에 비해 순해 보이고 상냥할 것 같으며 아이를 좋아하는 '히트상품'이다.

까짓 그런 이미지, 소개팅 시장에 안 나가면 그만이라고 생각하던 시기도 있었다. 그러나 수업이 있었다. 이성애 중심으로, 정상가족 이데올로기와 모성애 신화를 적극적으로 옹호하도록 구성된 교육과정 자체가 나를 '여교사'일 수밖에 없게 만들었다.

내가 나의 부모와 맺고 있는 증오와 분노·체념이 섞인 복잡한 실제 관계와 상관없이 가족에 대한 단원이 나올 때마다 나를 위해 희생하신 부모를 칭송하며 어머니의 무한한 사랑에 감사하라고 가르쳐야 했다. 아이들에게 상냥하게 대하는, 요리를 좋아하고 잘하는 나의 모습이, 교실의 관리책임자로서 청결을 챙기는 나의 모습이 여성의 성역할을 정당화하기 위한 근거로 내가 가르치는 학생의 입에 올랐다.

스스로를 가장하지 않고 살아가는 사회인이 얼마나 될까 싶긴 했다. 하지만 초등교사로 살아가며 자신의 삶을 에피소드로 조각 내 예화로 들려주지 않을 방법은 없다. 내 삶은 정상가족, 효 이데올로기, 여성의 성역할에 맞춰 편집된 상태로 학생들에게 전달되었다. 그러지 않을 방법도 있었지만 친오빠와 영화관에서 영화 보는 걸 한번 목격당한 것이

퍼지고 퍼져 급기야 "결혼 날짜는 좀 미리 알려줘야 하지 않냐"는 교감선생님의 타박으로 되돌아온 경험이 내 입을 막았다.

나는 그 자체로 교실의 상징이고 억압이었다. 모범적으로 성역할에 부합하게 자라났으며, 앞으로 나이가 차면 정상가족 내의 여성 역할을 적극적으로 수행할 것으로 예상되는, 특히 여자아이들은 적극적으로 따라야 하며 남자아이들은 열심히 노력해 신부로 쟁취해야 할 롤모델. 따라서 내가 한 나의 가족 이야기는 정상가족 이데올로기와 성역할에 부합할 경우 그저 교육적인 예화로 흘러가겠지만 그에 부합하지 않을 경우 학생들의 밥상머리 대화에 오를 것이고, 지역사회에 퍼질 것이며, 나를 따라다니는 꼬리표로 남을 터였다. 거짓말을 하지는 않았지만 내 삶을 편집해서 전달하지 않고는 편안하기 힘들었다.

이제는 그냥 말한다. 결혼을 안 했고 할 생각이 없으며, 애 낳지 않을 것이나 섹스는 좋고 애인과 동거하고 있다는 것을. 사실 이건 내 평생에 변하기 쉽지 않은 요소 가운데 하나라 꼬리표로 붙여봐야 억울할 일도 별로 없겠다 싶었다. 많이들 걱정해주신다. "나한테야 그런 말 해도 되지만 스스로의 '약점'을 굳이 드러낼 필요는 없다"는 조언과 함께.

다행히 페미니스트로 스스로를 호명하며 만만치 않은 이미지를 만든 덕에 이와 관련해 무언가를 묻는 사람이 드물다. 또 궁극적으론 더 다양한 삶이 학교에서 이야기되길 원하기 때문에 나는 앞으로도 당당하게 나의 '약점'을 드러내보려고 한다. 사실 약점은 개뿔. 정말 행복하게 살고 있어서 남들도 나의 이 교육적인 삶을 통해 좀 보고 배우면 좋겠다. 나의 이야기를 결혼 안 하고 잘만 살더라는 교사 친구의 예화로 적극 활용해주시기를 바란다.

연애 시장에서의 여교사 이야기를 이어가보자. 위에서 나온 여교사의 메리트를 거칠게 정의해보자면 이른바 '어머니'로서의 메리트라고 할 수 있을 것이다. 하지만 여교사에게는 그 이름이 가진 성적인 함의와, 그럼에도 불구하고 처녀일 것 같은 무언가가 합쳐진 복잡 미묘한 '여성으로서'의 메리트 또한 존재한다. 언젠가 소개팅으로 만난 사람이 나에게 호의를 가득 담아 '교사 같은' 복장이 섹시했다고 말한 것이 이런 메리트와 관련 있을 것이다.

그런데 최근 여교사에겐 새로운 역할이 더해진 것 같다. 남자아이들이 성적으로 부적절한 행동이나 말을 하면 전혀 당황하지 않고 이에 대한 적절한 교육을 할 수 있어야 한다는 것이다. 물론 여교사 특유의 섹시함을 갖춰야 하고 여교사가 산부인과만 가도 지역사회가 뒤집히는 상황에서 성에 대한 무지함은 유지해야 한다(다만 그 무지는 다른 성인이 나에게 성적인 질문이나 행동을 요구할 때에 한정된다).

학교가 그렇게 썩어빠진 곳은 아니기 때문에 아무도 나에게 명시적으로 저 모든 역할을 한 번에 요구하지는 않았다. 하지만 성 관련 문제가 터졌을 때 내가 처녀 여교사라 단속을 못해 이런 문제가 터졌다고 말하는 보호자의 말이 있다. 산부인과를 왜 학교 근처로 가냐며 다른 곳을 추천해주겠다는 선배 교사의 말과 '앙 기모찌'의 뜻을 느물거리며 묻는 학생, 그리고 나에게서 교사다운 섹시함을 찾아내는 남자도 있다. 참 지긋지긋하지 않은가.

여교사는 놀랍게도 성적인 존재이며 학생 또한 성적인 존재다. 이것을 인정하지 않은 상태로, 무엇보다 남자다움과 여자다움을 지금과 다르게 정의하지 않는 상태로 이 지긋지긋함을 내려놓기는 쉽지 않을 것이다.

여기까지 썼는데, 아무도 여성 교사 페미니스트를 하고 싶어 하지 않을 것 같은 불안감에 휩싸이고 말았다. 그래서 아이들과 함께 오열하며 〈모아나〉를 본 이야기로 이 글

을 끝내려 한다.

나는 한때 취미삼아 인터넷에서 판타지 소설을 연재했다. 내가 읽었던 대부분의 판타지 소설에서는 주인공이 남자였기 때문에 여자 캐릭터에게 비중을 줘서 다루기가 참 힘들었다. 게다가 여자 캐릭터가 극의 진행상, 혹은 인간이 가질 수밖에 없는 개인의 결함으로 실수를 하면 독자들이 득달같이 달려들어 증오의 말을 줄줄이 쏟았다. 나는 당시 페미니즘도 뭣도 몰랐지만 내가 만든 여자 캐릭터가 그런 취급받는 것을 원하지 않았기 때문에 정말 완벽한 여자 캐릭터들을 만들고 써냈다. 그 캐릭터들은 독자들 사이에서 여신으로 추앙받았다. 나도 그 캐릭터들을 무척 좋아했다.

그리고 〈모아나〉를 만났다. 나는 정말이지 이 영화를 기다려왔다. 아이들에게 같이 보자고 이미 약속까지 한 상태였다. 그런데 영화를 보는 내내 마음이 너무 불편했다. 모아나는 내가 기대하던 그 여자아이가 아니었다. 그 애는 할 줄 아는 것이 없었다. 아버지에게 반항하고 섬을 구하겠다며 뛰쳐나온 주제에 배 하나 다룰 줄 모르는 게 말이나 되는가? '운이 좋아서' 성공했지 죽지 않은 게 다행이었다. 극 초반의 모아나는 흔히 말하는 '민폐 여캐'였고 나의 경험상 민폐를 끼치는 여자 캐릭터에게 독자들은 "죽어라"라고 말했다. 그리고 대부분의 경우, 진짜로 운 나쁘게 죽거나 성장하기도 전에 구원받고 결혼해 행복하게 이야기에서 퇴장하게 마련이었다.

그래도 이미 약속을 했기 때문에 5학년 학생들과 함께 〈모아나〉를 봤다. 내가 찾아낸 수많은 모아나의 단점들, 무계획적이고 능숙하지 못하고 충동적이고 참을성 없는 모습을 학생들은 찾아내지 못하기를 바라면서. 그래서 모아나의 모든 승리가 결국 '운이 좋아서잖아'라고 판단되지 않기를 바라면서 말이다.

학생들은 모아나에 열광했다. 그게 나에게 얼마나 위안을 주었는지 전달하기가 쉽지 않다. 내가 가진 단점들, 무계획적이고 능숙하지 못하고 충동적이고 참을성 없음에도 위대한 일을 하고 싶고, 남에게 폐를 끼치더라도 성공하고 싶은 나를, 여자인 나를 한 번도 솔직하게 캐릭터에 얹어 써낸 적이 없다. 하지만 모아나는 그랬고, 운마저 좋게 성공했고, 학생들은 모아나를 사랑했다. 나는 정말이지 열 살 때 모아나를 만났어야 했다.

시간은 되돌릴 수 없다. 나는 새로운 모아나를 만날 때마다 끝내 껄끄러움을 느끼게 될지도 모른다. 그러나 학생들이 있다. 내가 놓친 어린 시절을, 내가 읽었어야 할 이야기

를 읽으며 어린 시절을 보내는 학생들 말이다. 이들을 보며 나는 세상이 달라질 것임을 확신하고, 이것은 여성 교사 페미니스트이기에 얻을 수 있는 기쁨이다. 나의 인생을 이전과는 다른 방식으로 써낼 수 있다는 용기다. 그래서 나는 이 싸움을 결코 후회하지 않으며, 당신에게도 나와 함께 갈 것을 권할 수밖에 없다.

여덟 번째 목소리　　　　내 학생들이

　　　　　　　　　　　　몸에 맞는

　　　　　　　　　　　　옷을 입을 수

　　　　　　　　　　　　있도록

솔리

초등학교 교사

모든 여자아이들이 그런 것은 아니지만, 내가 만나본 많은 초등학생 여자아이들이 3단계의 시기를 거쳤다. 첫 번째는 '핑크공주 시기'이다. 핑크공주 시기의 아이는 뭐든지 핑크색을 골라야 직성이 풀린다. 옷도 핑크색, 가방도 핑크색, 필통도 핑크색이다. 학교에서 색지로 만들기를 할 때 핑크색 종이가 모자라서 연두색 종이를 주기라도 하면 서운해서 울먹거리는 아이도 있다. 대개 1학년이나 2학년 교실에서 이 단계의 아이들을 많이 만나볼 수 있다.

그다음에 오는 것은 '치마 안 입어 시기'이다. 핑크색 드레스를 좋아하는 것은 물론이거니와 프릴과 레이스, 꽃장식 따위가 잔뜩 달린 옷일수록 좋은 옷이라고 생각했던 아이가, 별안간 치마를 입지 않겠다고 선언한다. 네가 무슨 공주냐고 친구들이 놀린대나 뭐라나. 이제 핑크색 물건들은 척결해야 할 과거의 유물이다. 이 시기 덕에 3학년이나 4학년 아이들에게 학습자료 따위를 하나씩 고르라고 하면 내 손에는 핑크색 준비물만 고스란히 남게 된다.

마지막 시기는 '걸그룹 워너비 시기'이다. 고학년이 된 아이들은 "위아래위위아래"나 "빠빠빨간맛"을 외치며 성적 매력을 뽐내도록 고안된 춤들을 따라 추기도 하고, 학년의 호랑이 선생님을 피해 화장실에서 짧은 치마로 갈아입고 틴트를 바르기도 한다. 이 시기의 아이들에게는 어른들이 아무리 학생다운 차림이니 뭐니 잔소리를 해도 그저 꼰대의 참견으로만 들릴 뿐 아무런 소용이 없다.

아이들의 이런 모습을 두고, 많은 교사와 부모들이 역시 여자애들은 어쩔 수 없나 보다고 말하거나 도무지 이해가 안 된다고들 말한다. '내가 저만할 때는 그러지 않았다'는 말도 빠지지 않는다.

나는 이러한 단계를 정석으로 거친 여자아이는 아니었다. 그럼에도 나는 아이들의 이러한 행동에 고개를 갸웃거리지는 않는다. 아이들은 내가 어렸을 때 겪었던 고군분투의 과정을 다른 모습으로 겪고 있는 것뿐이기 때문이다. 그 고군분투의 이름은 다름 아닌 '여성 되기'이다.

나는 내가 가르치는 우리 아이들이
나처럼 오래 고군분투하지 않기를,
있는 그대로의 자기 자신을
진심으로 사랑할 수 있게 되기를
바란다.

내가 초등학생이었을 때, 어른들은 나를 보고 도무지 여자답지 않은 애라고 말하곤 했다. 어떤 때에 그런 말을 들었는가? 내가 알고 있는 것을 이야기하는 데 수줍어하지 않을 때, 내 주장을 굽히지 않고 논리적으로 또박또박 이야기할 때였다. 그래서 나는 '여자답지 않은 것'은 좋은 것이라고 결론 내릴 수밖에 없었다.

예쁜 옷을 입는 것에 관심이 없고 얌전한 몸가짐을 하려하지 않을 때, 내 물건을 챙기지 못하고 덜렁거릴 때에도 여자답지 않다는 말을 들었지만, 그런 것이 여자답지 않은 것이라면 여자답지 않은 것이야말로 편하고 자유로울 수 있는 길인 것 같았다. 나는 여자답지 않은 여자아이였다. 그리고 그건 분명 좋은 일이었다.

자연히 따라온 다음 순서는 '여자다운' 모든 것을 기피하는 일이었다. 지나치게 '여성적'인 다른 여자아이들은 내게 경멸 대상이었다. 내 머릿속에서 나는 여자답지 않아 우월한 사람이었다. 한때는 종이접기로 아기자기한 장면을 꾸미는 것을 좋아했지만, 고학년이 되면서는 수십 권이나 되던 종이접기 책을 모두 친척 동생에게 줬다. 아기자기한 장면을 꾸미는 일은 너무 '여성적인' 취미였기 때문이다.

그러나 이것은 부자연스럽고 고통스러울 뿐 아니라 실

패할 수밖에 없는 노력이었다. 특정한 성향을 '여성적 특징'이라고 인식하면서, 그 특징들을 거부함으로써 '여성답지-않은-여성-되기'를 실천하는 일 말이다. 나는 어쨌거나 여전히 여성이었고, 여성이 아닌 남성이 되고 싶었던 것은 아니었기 때문이다.

그렇다면 '여성다운-여성-되기'의 과정은 어떨까? 두 배로 어렵고 힘들면 힘들었지 결코 만만한 일이 아님을, 초등학생 여자아이들이 거쳐가는 여러 단계가 증명한다. 자신을 예쁘게 가꾸되 그 정도가 과해서는 안 된다. 매력적이어야 하되 그 기준은 걸그룹과 같이 고도로 양식화된 매력에 있어야 한다. 여성성을 추구하되 그 여성성은 유치하지 않고 성숙한 것이어야 한다. 이것이야말로 누구도 완벽하게 성공할 수 없는 곡예에 가깝다.

그 양상과 방식이 다를 뿐, '남성다운-남성-되기'를 학습해야만 하는 것은 남자아이에게도 마찬가지이다. "넌 남자애가 되어서 왜 그렇게 소심하니?" "남자가 우냐?" "어떻게 남자가 여자를 때리고 그러니?" "넌 여자한테도 지냐?" 수많은 말들이 남자아이를 옭아맨다. 이러한 남성성 규범 속에서 남자아이는 활발함·자신감·경쟁심 등을 기르도록 장려되는 한편, 섬세함·꼼꼼함·배려심·자제력 등을 기를

기회는 박탈당한다.

　　남자와 여자는 원래부터 정말 조금 다를 수도 있다. 임신과 출산 가능 여부 등의 생리학적 차이가 존재한다는 것을 우리는 알고 있다. 하지만 그 밖의 정신적 특징들, 우리가 흔히 남성성이나 여성성이라고 부르는 것들 가운데 얼마만큼이 생물학적이고 선천적인 것이며, 얼마만큼이 문화적이고 후천적인 것인지는 알 수 없다. 진화심리학에서부터 뇌과학까지, 남자와 여자는 원래부터 다를 수밖에 없다는 연구가 많은 만큼이나 남자와 여자는 똑같다는 연구도 많다.

　　다만 두 가지는 분명하다. 첫째는 집단 간의 차이보다 개인 간의 차이가 크다는 점이다. 가령 남학생 평균 국어·수학 성적과 여학생 평균 국어·수학 성적의 차이는, 남학생 반 1등과 남학생 반 꼴등 사이의 국어·수학 성적 차이 또는 여학생 반 1등과 여학생 반 꼴등 사이의 국어·수학 성적의 차이에 비하면 미미하다.

　　둘째는 남자아이에게 남성성을 요구하는 일, 여자아이에게 여성성을 요구하는 일이 아이들의 행복을 저해한다는 점이다. 내가 논리적으로 자기주장 하는 것을 좋아하는 동시에 종이접기로 아기자기한 장면을 꾸미는 걸 좋아했던 것처럼, 모든 아이들은 흔히 남성적이라고 불리는 특징과 흔히 여성적이라고 불리는 특징을 동시에 가지고 있다. '여성답기'만 한 여자아이도, '남성답기'만 한 남자아이도 없다. 그럼에도 아이들은 옷에 몸을 맞추듯 여성과 남성이라는 두 틀가운데 하나에 자신을 맞추라는 요구를 끊임없이 받고 있다.

프랑스 사상가 시몬 드 보부아르는 "여성은 태어나는 것이 아니라 만들어지는 것이다"라고 말했다. 이 명제는 70년이 더 지난 지금도 여전히 유효하다. 우리는 여성 또는 남성이 되도록 끊임없이 오래도록 주입받은 후에야 간신히 여성다운 여성, 남성다운 남성이 된다. 그렇다면 대체 아이들이 이렇게 맞지 않는 옷에 자신을 억지로 밀어 넣어야 할 이유가 있을까? 이제는 우리 아이들이 각자 자기 자신에게 맞는 옷을 지어 입을 수 있도록 도울 때이다.

자신이 '여자답지 않은 여자'라고 생각하고 '여성적'인 것들을 우습게보던 여자아이는, 자기주장이 강한 나도 나고 아기자기한 것을 좋아하는 나도 나일뿐, 여자다움이나 남자다움을 따지는 일은 무의미하다고 생각하는 어른이 되었다. 나는 내가 가르치는 우리 아이들이 나처럼 오래 고군분투하지 않기를, 있는 그대로의 자기 자신을 진심으로 사랑할 수 있게 되기를 바란다. 우리 모두가 남성성이나 여성성에 대한 고정관념에서 벗어날 때 가능한 일이다.

아홉 번째 목소리

남교사들에게
보내는 편지

최승범

고등학교 교사

선생님, 안녕하세요. 강원도의 한 남자 고등학교에서 10대 청춘들과 살고 있는 최승범이라고 합니다. 저는 페미니즘에 관심이 많습니다. 수업 시간에 성평등·성차별 이야기를 종종 하고, "FEMINISM PERFECTS DEMOCRACY" 같은 페미니즘의 문구가 적힌 옷을 자주 입습니다. 학급문고 200여 권 가운데 30권 정도를 페미니즘 책으로 골라 채웠습니다. 학생들은 이런 저를 "메갈 쌤"이라고 부릅니다. 10대 남학생들이 메갈리아를 어떻게 생각하는지 선생님께서도 잘 아시리라 생각합니다. 메갈은 남자를 공격하고 혐오하는 나쁜 여자들인데, 우리 학교에 메갈이 있다니. 근데 남자 쌤이라니, 학생들 입장에서는 황당할 법합니다.

저는 어머니의 삶을 보며 페미니즘에서 말하는 문제의

식을 느꼈습니다. 남자 형제 사이에 낀 둘째로 태어나 중학교 문턱을 넘지 못한 어머니, 가계 수입의 대부분을 담당하면서도 독박으로 육아와 가사를 했던 어머니, 자식 걱정에 폭력을 휘두르는 남편과 이혼하지 못한 어머니, 아들 둘을 대학에 보낸 뒤 어두컴컴한 빈집에 홀로 앉아 있던 어머니, 하루 종일 제 전화를 기다린 사람처럼 시시콜콜한 이야기를 쏟아내던 어머니. 저는 어머니가 왜 그렇게 사는지 이해할 수 없었습니다.

나이를 먹고 머리가 굵어지니 어머니와 비슷한 다른 사람들이 보였습니다. 누구의 남편은 돈이 필요할 때만 집에 들어왔고, 누구의 남편은 술만 마시면 집안 살림살이를 다 부쉈습니다. 누구의 남편은 밖에서 낳은 아이를 데려왔고, 누구의 남편은 화가 나면 가스통을 들고 나타났습니다. 핍박받는 여성의 서사는 제 세대에도 있었습니다. 공부를 잘했던 중학교 동창은 딸이라서 고향에 남았습니다. 대학 여자 동기들은 결혼-출산-육아를 거치며 대부분 직장을 그만뒀습니다. 제 아내는 '여자 직업으로는 선생이 최고'라는 주변 압력에 수의사의 꿈을 포기했습니다.

주변의 남학생들을 둘러봅니다. '남자답게'를 폭력적으로 과시하고, '따먹는다'며 여성을 대상화합니다. 욕설의 상당수는 여성 비하의 의미를 담고 있습니다. 말 많은 남학생, 잘 우는 남학생, 정적인 남학생은 정상적이지 않은 남자로 취급됩니다. '10분 더 공부하면 마누라 얼굴이 바뀐다'처럼 여성을 성취의 보상물로 여기는 급훈도 많습니다. PC방 모니터 속의 남전사들은 커다란 갑옷을 입고 용맹하게 싸우지만, 같은 게임의 여전사들은 가슴이 반쯤 드러난 복장으로 남전사를 치료합니다. 청소년의 26.7퍼센트가 본다는 1인 방송(김남영, 〈돈 벌이에 이용되는 여성혐오 콘텐츠〉, 《시사IN》, 제520호)의 BJ들에게 여성은 성욕의 배출구에 불과합니다. 이런 분위기에서 "전쟁 나면 ○○여고에 쳐들어간다"는 말을 하는 아이가 있는 건 오히려 자연스러운 일이 아닐까요?

주변의 여학생들을 둘러봅니다. 다수의 학생들이 미디어가 부각하는 여성상에 자신을 맞추기 위해 노력하고 있습니다. 더 짧은 치마를 입고, 더 진한 화장을 합니다. 더 마른 몸을 원하고, 더 간드러진 목소리를 내려합니다. 반장보다는 부반장에 도전하려 하고, 직설적인 표현 대신 에둘러 말하려 합니다. 남학생보다 수학과 과학을 못한다는 어떤 과학적 근거도 없지만, 이미 굳어진 인식과 시선 때문에 자연계열 진학을 망설입니다. 집에서는 오빠와 남동생의 밥을 차려줄 것을 요구받고, 밖에서는 불편한 시선, 불쾌한 접촉을 당해도 자기 단속을 먼저 합니다. 남자는 돈, 여자는 외모라는 기성 담론을 학습하여 자신을 변명하기도 합니다. 데이트 비용은 남자가 내야 하고, 여자는 애교가 많아야 한다고 생각하는 여학생도 많습니다.

저는 남고 교사입니다. 저와 함께 공부하는 남학생들은 절반 이상 남중을 나왔습니다. 남자끼리만 살아온 이 아이들이 여성의 삶을 이해하지 못하는 것은 당연한 일 같기도 합니다. 그래도 괜찮은 걸까요. 지난 학기에 공부했던 2학년 문학 교과서의 머리말에는 다음과 같은 내용이 나옵니다. "작품에 나타나는 다양한 삶의 모습과 깨달음을 간접적으로 체험함으로써 인간과 세계를 이해하는 안목을 넓히고, 자신의 삶을 고양하며 다른 사람과 더불어 살아가는 태도를 지니도록 한다." 저는 우리 학생들에게 더 넓은 시야와 더 깊은 관용, 더 멀리 보는 안목과 더 크게 포용하는 아량이 있기를 원합니다. 그래서 학교생활 곳곳에 페미니즘을 담아내고 있습니다.

학급문고에서 가장 인기 있는 책은 은하선 작가의 《이기적 섹스》입니다. 한 학생은 "나는 '남자가 섹스를 많이 하면 능력자고 여자가 섹스를 많이 하면 걸레다' 이 부분을 읽고 내가 너무 좁은 가치관에 갇혀 살아왔다는 생각이 들었

선생님의 아내가 경력단절을 겪지
않고, 선생님의 여동생이 밤길을
두려워하지 않으며, 선생님의 따님이
꿈을 겪지 않는 세상을 위해
목소리를 내주시면 좋겠습니다.

다"라는 독후감을 남겼습니다. 프랑스 만화가 토마 마티외의 《악어 프로젝트》도 절찬리에 대여되고 있습니다. 이 책을 읽은 학생들은 일상생활에서 여성들이 겪는 성희롱·성폭력과 그에 따른 불쾌감·공포감을 직관적으로 이해할 수 있으리라 생각합니다. 《10대의 섹스, 유쾌한 섹슈얼리티》, 《연애와 사랑에 대한 십대들의 이야기》, 《우리가 성에 관해 알고 싶은 것》을 읽은 친구들은 여성도 남성과 똑같은 성적 주체임을 인정하고 있을 것입니다.

교실에서 구독하고 있는 《여성신문》도 학생들의 시야를 넓히는 데 도움이 됩니다. 2018년 최저임금이 발표된 2017년 7월, 《한겨레》는 노동자의 입장에서 환영을, 《매일경제》는 기업의 입장에서 우려를 드러냈습니다. 반면 《여성신문》은 최저임금의 사각지대에 있는 200만 개 이상의 일자리 가운데 대부분이 여성 일자리임을 지적했고, 기사를 읽은 몇몇 학생들은 여성 임금이 남성보다 낮은 이유에 의문을 품었습니다. 자료를 찾아보며 궁금증을 해소한 학생들은 경력단절, 유리천장과 같은 용어를 알게 되었습니다.

수업에서도 페미니즘을 조금씩 녹여내고 있습니다. 작년 1학기에는 〈메밀꽃 필 무렵〉 중 허 생원의 과거 회상 장면을 성폭력으로 볼 수 있는지 발표하는 수업을 했습니다.

2학기에는 〈춘향전〉의 변 사또를 어떤 죄목으로 처벌할 수 있을지 모둠별로 토론하는 수업을 진행했습니다. 올해 봄에는 〈사씨남정기〉의 가부장제가 사 씨와 교 씨의 삶에 미친 영향에 대해 글쓰기를 했고, 여름에는 김소월을 '여성적 어조'의 시인으로, 이육사를 '남성적 어조'의 시인으로 부르는 것에 대한 학생들의 의견을 들어봤습니다. 또 얼마 전에는 여성·청소년·노인·이주노동자 등 소수자를 향한 혐오 표현을 찾는 수업을 했습니다.

과목마다 페미니즘을 다룰 수 있는 영역이 있습니다. 우리말에 여교사·여의사·여군이 있듯 영어도 man-woman, male-female, god-goddess, hero-heroine처럼 여성을 파생적으로 취급합니다. 한자에서 남성은 사내 남男과 아들 자子가 구분되는 반면 여성의 경우 딸을 가리키는 글자가 없어 계집 녀女를 공유합니다. 최초의 여성 수학자 히파티아는 왜 마녀로 몰려 잔혹하게 죽었는지, 사회 구조와 경제 질서, 지리적 환경과 도덕·윤리의 차이에도 왜 나라마다 남성이 요직을 독점하고 있는지, 남녀의 생물학적 차이가 사회적 성차별의 이론적 근거가 되고 있지 않은지, 물리적 힘의 차이가 권력의 차이로 나타나는 것이 온당한지, 역사적으로 여성의 삶이 어떻게 달라졌고 어떻게 똑같은지, 수업에 녹여

낼 수 있는 주제는 많습니다. 선생님께서도 저와 비슷한 문제의식을 품고 있다면, 쉽게 할 수 있는 것을 조금씩 시도해보면 좋겠습니다.

　저는 교사 한 명이 많은 것을 해야 한다고 생각하지 않습니다. 학생들이 품고 있는 기존의 상식에 물음을 던지고 예전의 생각에 균열을 내는 것만으로도 충분하다고 봅니다. 선생님을 통해 새로운 시각과 다른 목소리를 접한 학생들이 삶의 마디마디에서 자주 멈칫할 수 있다면, 유튜브나 페이스북에서 만난 성차별적 내용에 '어, 이거 우리 쌤은 다르게 말했는데?'하고 잠시 호흡을 가다듬게 된다면, 이미 변화의 물꼬가 트인 것이라 생각합니다. 학생들은 조금씩 변하고 있습니다. '결혼하면 집안일을 많이 돕겠다'는 친구의 말에 '돕는 게 아니라 같이 하는 거'라고 말하는 친구가 있습니다. 장애인을 비하하지 말라며 다수의 학생이 소리 높이고, '이 단어도 차별인가요?'하고 물어보는 학생이 생겼습니다. 성매매 여성을 가리켜 '아무리 할 게 없어도 어떻게 몸을 파냐'는 친구에게, '그 사람 사정도 모르면서 말 막하면 안 돼'라며 다른 친구가 핀잔을 주기도 합니다. 10대는 성인에 비해 공감 능력이 탁월하고, 편견이 적으며, 정의감이 강합니다. 교사가 제공한 작은 실마리로부터 스스로 깨우쳐 길을 터나

가는 경우가 많습니다. 저는 이 친구들이 타인을 함부로 평가하거나 손가락질하지 않는 어른으로 자라면 좋겠습니다.

저는 축구하는 여학생과 고무줄을 타는 남학생이 공존하는 운동장을 떠올립니다. 남학생도 인형을 만지고, 여학생도 로봇을 조립하는 놀이방을 상상합니다. 여학생이 엔지니어를 꿈꾸고 남학생이 네일 아티스트를 희망하는 교실을 기다립니다. 남자가 간호사를 망설임 없이 선택하고, 여자가 교대로 떠밀리지 않는 직업 문화를 기대합니다. 소꿉놀이하는 아이들이 퇴근하는 남편과 밥 차리는 아내를 연기하지 않길 바랍니다. 여자라서, 남자라서가 아니라 내가 좋아하고 원하기 때문에 탐색하고 선택하기를 바랍니다.

페미니즘은 여성만을 위한 게 아닙니다. 좁고 딱딱한 틀에 갇힌 남성의 숨통도 틔워줄 수 있습니다. 남자들은 왜 술에 취해야만 속에 있는 이야기를 할까요? 힘들어도 혼자 이겨내는 것, 슬퍼도 울지 않는 것이 왜 남자다운 행동이 되었을까요? 꾹꾹 눌러놓은 감정 때문에 병이 생겨 여자보다 7년이나 빨리 죽는 건 아닐까요? 여성의 소득이 남성과 비슷해지면 데이트 비용도, 결혼 비용도 반씩 부담하는 것이 자연스러워지지 않을까요? 육아를 여성에게 떠밀지 않게 되면 아빠와 아이의 친밀감이 커지지 않을까요? 여성을 객

체화·대상화하는 태도가 사라져 아내와 딸이 일상에서 불쾌감과 공포감을 느끼지 않는다면 남자에게도 좋은 일이 아닐까요?

남자는 페미니즘의 당사자가 아니지만, 한 발짝 옆에 있기에 가능한 역할도 있습니다. '김치녀'라는 말을 제지하려던 여교사가 "쌤한테 한 말 아닌데 왜 그러세요? 혹시 쌤도 김치녀?"라는 반응에 당황했다는 이야기를 들은 적이 있습니다. 이런 경우 남학생들에게 잘못을 설명하고 납득시키는 데에는 남자 선생님의 말이 더 효과적입니다. 듣기 거북한 다른 남교사의 발언을 제지하는 것도, 페미니즘에 거부감을 보이는 남자 동료를 설득하는 것도 남자이기에 더 수월한 면이 있습니다. 안타까운 일이지만, 많은 수의 남자들은 여자가 하는 말보다 남자가 하는 말에 더 신뢰를 보이는 경향이 있기 때문입니다.

미국의 역사학자 하워드 진은 백인이었고 대학 교수였습니다. 기득권으로, 지식인으로 잘살 수 있었던 사람이었고 개인의 영욕을 위해서는 사회가 바뀌지 않는 것이 오히려 유리했습니다. 그러나 그는 흑인 학생들의 학습권을 위해 싸웠고, 투표권을 요구하는 흑인 대오의 선두에 섰습니다. 반복된 해직과 투옥 앞에서도 일관된 신념을 지켜온 그

에게 많은 백인이 감화되었고, 그의 노력이 인종 차별 철폐에 도움이 될 수 있었습니다. 지금 미국인들은 피부색이 다른 이를 위해 한평생 싸웠던 그를, 내 이해관계를 고려하는 대신 신념과 정의에 따라 움직여온 그를 '현대사의 양심'이자 '실천적 지식인'으로 기억합니다.

저는 선생님께서 페미니즘의 '하워드 진'이 되어주시면 좋겠습니다. 더 좋은 세상을 위해 손을 내밀어주시면 좋겠습니다. 선생님의 아내가 경력단절을 겪지 않고, 선생님의 여동생이 밤길을 두려워하지 않으며, 선생님의 따님이 꿈을 꺾지 않는 세상을 위해 목소리를 내주시면 좋겠습니다. 선생님과 함께 공부하는 남학생들이 눈물을 참지 않고, 시시콜콜 하고 싶은 말을 다 하며, 육아의 즐거움과 가사의 고단함을 아는 사람으로 자랄 수 있게 힘을 모아주시면 좋겠습니다.

열 번째 목소리 페미니스트 선생님,
그리고 아직
페미니스트가 아닌
선생님들께

김애라

페미니즘 연구자

안녕하세요, 드디어 이렇게 만나 뵙게 되는 날이 오는 군요. 반갑습니다.

아주 오랫동안 학교 교육현장에서의 성차별에 관해 함께 이야기 나눌 수 있는 선생님들을 기다려왔습니다. 아마도 제가 학교에서 선생님에 대한 어떤 식의 기대를 품기 시작한 초등학교 때부터일 겁니다. 왜 늘 반 번호는 남자아이들부터 매겨지는지, 남자아이들과 말뚝박기(말타기)를 할 때면 왜 저만 꾸지람을 들어야 하는지, 체육시간 씨름에서 남자아이를 이겼을 때 선생님이 황망한 표정을 짓는 이유는 뭔지, 왜 여학생들만 속옷검사를 받아야 하는지, 어째서 여자아이들만이 남자아이들의 시선을 조심해야 하는지, "여자애가"라는 말을 그렇게까지 자주 들어야 하는지… 이해할 수 없는 상황이 매일매일 펼쳐질 때 제 물음에 답을 주실 선생님을 줄곧 기다려왔습니다. 이제야 만나 뵙게 되는군요.

학교라는 공간을 떠올리면, 학교를 구성하는 다양한 사람들과 그만큼이나 다양한 감정들이 펼쳐집니다. 새 학기마다 느끼던 새롭고 낯선 기분, 또래집단에 편입되지 못할 것에 대한 두려움. 선생님마다 달랐던 생활지도 기준과 '범생이'와 '날라리'들에게 각기 다르게 적용되던 체벌·호통에 대한 분함. 말끝마다 "계집애들이" "여자는"이 붙었던 선생님들의 훈화말씀에 대한 부당함과 납득하기 어려웠던 여학생다움이라는 것의 실체에 대한 의문. 명확하게 설명하기 어려웠지만 기분이 몹시 나빴던 팔·가슴 혹은 엉덩이나 허벅지에 가해지던 어떤 선생님들의 체벌 혹은 칭찬까지.

실상 유년시절 일상 대부분의 시간을 보낸 학교는 소중한 사람들과 견디기 힘든 사람들 모두를 만난 공간이었으며, 교훈과 지식도 얻었지만 부조리와 불합리와 차별 역시 지독하게 경험한 공간이었습니다. 그리고 이 공간은 아이러니컬하게도 저를 포함한 많은 여자아이들이 성차별과 편견의 부당함에 눈을 뜨게 한 공간이기도 했습니다. 또한 어떤 운 좋은 아이들에게는 차별에 반대하는 선생님들과 교감하고 그들로부터 영감을 받은 성장의 공간이기도 했겠지요.

학교는 가장 느리게 변하고 평범함과 보통이 좋은 것이라고 가르치는 곳이지만, 동시에 늘 새로운 세대와 계속해서 조우하고 평범함과 보통에 대한 이들의 지속적인 도전에 직면하는 공간이기도 합니다.

그런 학교가 지금 성차별과 성별 편견에 직접적으로 반대하고 평등을 촉구하는 선생님과 학생들의 훨씬 강력하고 새로운 도전에 직면하고 있는 것처럼 보입니다. 이 도전을 너무나도 반가워하면서 저는 지금 바로 그 현장에 있을, 제가 학교를 다니던 시절 거의 만나기 힘들었던, 그토록 만나고 싶어 했던 페미니스트 선생님들, 차별에 반대하고 평등을 가르치고 싶어 하는 선생님들께 연대의 편지를 보냅니다. 또한 지금 그러한 선생님들을 기다리고 있을 숱한 학생을 위해 이 글을 씁니다. 이 편지는 제가 학생이었을 때 바라던 학교 교육과 선생님의 모습에 대한, 그리고 페미니스트로서 학교 문화와 학교 교육에 대해 조금 먼저 고민해온 사람으로서의 제안이기도 합니다.

첫째, 성별에 따라 다른 역할이 주어지지 않게 해주세요.
여학교와 남녀공학에서 여학생들은 각기 다른 경험을 합니다. 특히 대청소나 운동회, 환경미화, 소풍이나 수학여

행과 같이 학생들의 노동력과 역할 분담이 필요한 경우에는 더욱 그렇습니다. 남녀공학에서는 무거운 것을 옮기거나 신체활동이 더 많이 요구될 때, 또는 반 전체를 통솔할 때는 주로 여학생보다 남학생들에게 그 일을 맡깁니다. 선생님들이 이런 방식의 역할 배분을 하는 것은 대개는 여학생들을 배려하기 위한 것이라고 생각하기 때문인 경우가 많습니다. 체력적으로 힘든 일이나 통솔력을 발휘하는 일은 남학생들이 더 잘하고 손쉽게 해낼 수 있을 거라고 생각하기 때문이죠. 하지만 여학교의 경우에는 무거운 것을 들어야 할 때에도, 신체활동이 더 많이 요구될 때에도, 남들을 이끌어야 할 때에도 모두 다 여학생들이 합니다. 여학생들뿐이니까요. 여학교의 여학생들은 아무리 무거운 것을 옮겨야 하는 일이 있어도 자신들이 하지 못할 거라고 생각하지 않습니다. 그들에게 그 일은 더 많은 사람이 필요한 일일 수는 있지만 불가능한 일은 아닌 거죠.

그러니까 성별에 따라 각기 다른 역할을 분담하도록 하는 것은 단순히 성별에 따라 잘하는 일을 배정하는 문제가 아닙니다. 누가 무엇을 할 수 있을 것인지를 학습하는 과정입니다. 여학생들에게는 자신은 도움을 필요로 하고 도움을 준 사람에게 끊임없이 고마움을 표하는 태도가 필요하다

차별에 반대하고 평등을 가르치고
싶어 하는 선생님들께 연대의
편지를 보냅니다.
또한 지금 그러한 선생님들을
기다리고 있을 숱한 학생들을 위해
이 글을 씁니다.

는 것을, 남학생들에게는 여학생들이 자신보다 생물학적으로 약하다는 사실과 그들은 도와주어야 할 대상이라는 것을 학습하게 하는 과정인 겁니다.

이 과정에서 남학생들은 육체적으로 힘든 일은 모두 자신들이 하게 된다는 생각에 억울함을 느낍니다. 역차별이라고 생각하기도 합니다. 동시에 자신들이 여학생들보다 더 중요한 사람이라는 생각을 하기도 합니다. 반대로 여학생들은 자신의 의도와 상관없이 어떤 일에서는 늘 도움을 요청하는 사람들이 됩니다. 자신들이 할 수 있는 일임에도 그 일을 할 기회 자체를 부여받지 못하는 겁니다. 이런 일이 반복되면 여학생들은 어떤 일을 해야 할 때 그것이 자신이 할 수 있는 것인지 아닌지 알기 힘들 뿐 아니라 지레 자신에게 적합한 일이 아니라고 생각하고 도움을 바라게 되기도 합니다.

결국 이런 상황은 남학생들이 여학생들보다 다양한 경험을 더 많이 하게 만듭니다. 단순히 책상을 옮기고 무거운 짐을 나르는 이런 경험들이 아무것도 아닐까요? 이런 경험들이 쌓이면 어느새 여학생과 남학생들은 실제 자신들이 할 수 있는 일에 대한 한계치를 각기 다르게 설정하고 기존의 성별 분업을 익힙니다. 여학생들은 체육수업에 흥미를 잃기 시작하고 점심시간 운동장에는 남학생들만이 남게 됩니다.

힘이 약한 남학생은 힘센 남학생들로부터 '계집애 같다'는 말을 듣게 되고요. 점차 여학생과 남학생의 관심사는 달라지고, 장차 자라서 하고 싶은 일이나 연애 혹은 결혼에서 자신이 어떤 역할을 맡게 될 것인지에서 비로소 차이가 구체화되기 시작합니다.

학생들의 잠재력을 발굴하고 학생들이 자신의 능력을 믿도록 하는 것이 교육에서 중요한 부분이라면, 학교에서 이루어지는 성별 분업은 결국 성별에 따라 학생 개개인이 가진 재능과 능력을 한정하는 것임을 이해해야 하지 않을까요.

둘째, 같은 또래, 같은 성별이라도 모두가 얼마나 다른지 가르쳐주세요.

우리는 종종 성평등 교육을 위해 여학생과 남학생이 서로 얼마나 많은 공통점을 가졌는지, 혹은 이 두 집단이 가진 차이가 어떻게 차별적인 대우로 이어지는지 중요하게 설명합니다. 하지만 우리는 때로 여학생과 남학생을 구분하면서 계속해서 이 두 집단 간의 차이를 필요 이상으로 만들어내기도 합니다.

조금 더 진보한 평등 교육을 위해 중요한 것은, 여학생과 남학생을 각기 단일한 범주로 묶어내 이 두 집단을 가장 큰 차이를 가진 집단으로 상정하는 것이 아니라 여학생 집단과 남학생 집단 내부의 차이가 얼마나 많은지를 알려주는 것입니다. 학생들 사이에는 다양한 여성성과 남성성이 존재합니다. 그러나 대개는 지배적인 여성성과 남성성만이 드러나지요. 그리고 이 지배적인 여성성과 남성성은 우리 사회, 가족, 학교 교육 안에서 여학생과 남학생에게 기대하고 독려하는 속성들과 깊이 연결되어 있습니다. 이 속성들이 무엇인지는 더 말하지 않아도 다들 아시리라 생각합니다.

언제나 또래집단에서 일어나는 대부분의 문제들, 예컨대 야한 사진이나 문자·동영상 같은 것을 친구에게 보내거나, 성적 비하 표현이나 음담패설을 하는 것, 혹은 집단 따돌림 같은 일들은 단일한 성별집단 혹은 또래집단 내부의 차이를 간과하거나 배척할 때 벌어집니다. 음담패설이나 노골적인 성 콘텐츠에 환호하는 남학생들만큼이나 이를 불편해하는 남학생들이 있습니다. 남학생과 여학생 사이의 차이보다 남학생들 사이의 차이가 얼마나 많은지를 알려주는 것은 남성 대 여성이라는 낡은 성 대결 구도를 환기시켜 줍니다. 그러니까 같은 남학생 집단이라 할지라도 개개인의 가족, 친구집단, 가치관, 취미, 나아가 계층, 지역, 성적 지향 및 정체성, 장애 유무 등에 따라 차이가 크다는 걸 고려하면, 남학생과 여학생의 차이는 그렇게까지 본질적인 것이 아니라는 사실을 알려주는 겁니다. 이로써 여성에 대한 성차별이 다양한 차이 가운데 성별이라는 대단히 선택적인 항목에서의 차이에 기반하고 있다는 것을 알려줄 수 있습니다.

셋째, 여성과 남성이 각기 서로의 짝, 한 쌍이라고 가르치지 말아주세요.

초등학교에 입학하면서부터 우리는 각기 이성 짝을 갖게 됩니다. 말로 하지 않아도 이러한 교육 환경에서의 관습은 여성과 남성이 한 쌍이라는 점을 교육합니다. 여성과 남성이 서로에게 어울리는 유일한 사람들이라는 생각은 여성과 남성이 상호보완적이어야 한다는 사실을, 여성적인 일과 남성적인 일, 여자다움과 남자다움이라는 이분법을 강화합니다. 여성과 남성이 상보적이어야 한다는 사실은 대개 여성과 남성에게 여성적 삶과 남성적 삶을 강요하는 근거로 사용됩니다. 생계부양자이자 가장으로서의 남성 역할, 가사노동과 육아 전담자로서의 여성 역할은 바로 이 '여성과 남성이 한 쌍이며 이 둘이 각기 자신에게 적합한 역할을 해냄으로써 정상적이고 보통인 삶을 꾸려갈 수 있다고 믿는 생각'에서 비롯됩니다.

또한 여성과 남성이 한 쌍이라는 믿음은 특히 여학생들에게 다양한 관계 가운데 남자친구 혹은 미래 남편만이 가장 중요한 관계라는 사실을 암시합니다. 따라서 다양한 관계와 삶에 대한 상상력을 제한하며, 다양한 삶의 경로 가운데서 결혼과 경력단절·육아로 이어지는 소위 '여자의 삶'을 선택하게 합니다. 여성과 남성은 서로의 유일한 짝이 아닙니다. 여성과 남성은 물론 여성과 여성, 남성과 남성 역시 여러 의미에서 서로에게 중요한 사람일 수 있습니다.

넷째, 평등은 같음이 아니라 다름·차이와 더 가까운 것임을 알려주세요. 평등에 대해 이야기해보라고 하면 대부분은 똑같음에서 시작합니다. 하지만 평등은 차이를 이해하는 데서 시작해야 합니다. 여학생과 남학생, 가난한 학생과 부자 학생, 장애 학생과 비장애 학생을 '똑같이' 대하는 것은 평등일까요? 아니요. 그건 오히려 차별입니다. 특히 성교육과 같이 현상적 차이가 드러나는 영역에 대한 교육에서는 성평등이라는 지향에 맞추어 여학생과 남학생이 처한 상황이 다르다는 사실을 고려한 성교육을 할 필요가 있습니다. 예컨대, 과도한 성적인 장난 혹은 또래 성폭력이 만연한 남학생 또래집단에게는 자신의 몸을 탐색하거나 타인과의 성적 관계를 맺음에서 조심스러움과 보수적인 태도를 강조한다면, 성의 위험을 필요 이상으로 주입받아온 여학생들에게는 보다 적극적인 태도를 가져도 된다는 사실을 알려주는 것이죠. 여학생과 남학생에게 다른 교육을 하는 것은 평등하지 않은 것이 아닙니다. 오히려 평등이라는 지향 속에서 차별적인 상황을 고려한 맞춤 교육을 하는 것이 평등한 교육입니다.

다섯 째, 여성과 성소수자 혐오 표현, '패드립(패륜드립)'에 대해 보다 분명하게 비판해주세요. 언어는 우리의 삶을 지배하는 일종의 의미체계예요. 언어를 통해 우리는 어떤 대상·현상 등을 이해하게 됩니다. 예를 들어 '걸레'라는 단어 혹은 '처녀막'과 같은 단어(지금은 '질 주름'이라는 보다 공정한 말로 대체되었죠), 그리고 '패드립'이 모두 어머니의 성性에 관한 이야기라는 점은 우리 사회의 뿌리 깊은 성차별, 여성과 남성의 성에 대한 이중적인 잣대를 반영하는 완벽히 차별적이고 혐오적인 표현임을 알려주세요. 또 그러한 언급을 할 수 있다는 것 자체만으로 그 자신이 여성이나 성소수자에 비해 더 힘이 센 사람으로서 적극적으로 성차별에 가담하겠다는 것을 공표하고 있는 것임을 알려주세요. 그러한 언어를 사용하는 것은 차별에 찬성하는, 아주 치졸하고 야비한 행동임을요.

　마지막으로, 소수의견에 힘을 실어주세요. 학생 시기에는 특히 또래집단·또래문화의 힘이 강력합니다. 그래서 대부분의 학생들은 자신이 가진 차이를 지우고 주류 또래집단에 편입되기를 요구받습니다. 이때 학생들 사이에 갈등이 불거지거나 논쟁이 있을 때, 아주 드문 고민을 할 때 또래집단 보편과 상충되는 입장에 선 학생들을 지지해주세요. 예컨대 성적 비하 표현으로 가득한 남학생 또래집단을 불편하게 여기는 남학생, 화장과 남자친구 이야기만을 하는 여학생, 또래집단에서 동성 친구를 더 소중히 여기는 여학생이 이상하거나 유별난 학생이 아님을 알려주세요. 이 학생들이 적극적으로 목소리를 낼 수 있도록 해주세요. 공고한 성별 이분법과 이에 기초한 성차별과 편견을 가장 먼저 알아채고 그것에 반대하는 학생들이니까요.

　여기까지가 제가 선생님들께 우선적으로 드리고 싶은 제안입니다. 드리고 싶은 이야기는 더 많지만 이 편지에 모두 담기는 어려울 것 같네요. 무척 아쉽습니다. 이 편지를 쓰면서 가진 바람 하나가 있다면, 익숙한 학교 교육과 문화를 성평등이라는 관점으로 보면서 조금은 낯선, 새로운 질문을 만나셨으면 하는 것입니다. 사소하다고 생각한, 혹은 익숙하다고 여겼기 때문에 보이지 않았던 학생들의 차별에 관한 경험과 이야기가 선생님들께 떠올랐으면 합니다. 한편 여기 제가 쓴 이야기들은 어쩌면 이미 교육현장에서 매일 같이 학생들과 공부하고 생활하는 많은 선생님들께서 한 번쯤은 고민해본 이야기일 수도 있을 겁니다. 하지만 혼자서는 풀어나가기 힘든 고민이지요. 이 편지를 통해 그런 고민이 혼자만의 고민이 아니며 평등한 교육을 위해 더 많은 선생님들께서 함께 해야 하는, 필요한 고민이라는 확신을 가지면 좋겠습니다. 교육현장 곳곳에서 늘 학생들과 평등한 교육을 위해 고심하는 페미니스트인, 그리고 아직 페미니스트가 아닌 많은 선생님들께 이 여섯 가지 제안이 조금이나마 보탬이 되길 바라며 이만 편지를 마칩니다.

#학교에_페미니즘이_필요한_이유

남자애들이 여자애들 가슴을 만지고 도망가는 것을 보기도 하고 겪기도 했다. 치마를 들추고 도망가는 걸 그저 장난으로 여겼다. 이상하지만 장난이니까 그냥 넘어갔던 것들이 수도 없이 많았다.

헌데 몰랐다. 그게 그저 장난이 아닌 것을. 그렇게 성인이 되어버린 나는 잘못된 그들의 행동을 대놓고 지적하지 못하는 소심한 사람이 되어버렸다. 그리고 아마 그렇게 성인이 되어버린 남자아이들은 더 노골적인 장난을 하면서 여성을 대상화하고 있을지도 모른다. 남이 찍은 몰카를 같이 보며.

초등학생일 때 페미니즘 수업이 있었다면 난 불의한 행동에 맞서 더 적극적으로 행동했을 것이고, 아마 그 남자아이들은 자신들의 행동이 장난을 넘어서 절대로 해서는 안 되는 것임을 배웠을 것이다.

나의 초등학교에는 이런 수업이 없었다.

우리에겐 페미니스트 선생님이 필요합니다.

-세나

축구를 좋아했는데 학교 부설 축구부는 남자만 받았다. 초등학교 때였다. 체육시간이나 점심시간에 남자애들하고 같이 뛰어도 지지 않았는데, 그 아이들은 축구부에 들어갔고 나는 입부 심사도 받지 못했다.

─갱

강남역 사건 이후, '남성'이라는 나의 정체성을 계속 관찰했습니다. 그렇게 나온 결론은 나는 초등학생 때부터 이미 '남성'이라는 것을 인지하고 있었다는 사실입니다. 그리고 이 성별에 대한 고정관념은 학교를 다니면서 오히려 더 강화되었고, 저의 초등학교 때 기억에는 남자아이들이 운동장을 대부분 소유했다는 사실이 남아 있습니다.

그 당시 제가 여자아이들과 즐길 수 있었던 놀이는 조금 더 정적인 '땅따먹기'라든지, 교실 안에서의 '공기놀이', 종종 '경찰과 도둑 놀이' 정도였습니다. 온갖 구기 종목, 조금 더 활동적인 일은 모두 '남성'의 몫이었습니다.

저는 이것이 생물학적 성의 차이에서 비롯된다고 보지 않습니다. 우리나라의 교육은 다른 성에 대한 이해를 가르치지 않습니다. 오히려 차별을 심화시키고, 기존의 가부장적 체제를 공고히 하는 식으로 작동합니다. 그러한 상황에서 교육현장의 개개인은 이미 가부장적 세계관의 수호자라고도 볼 수 있습니다. 그렇지만 우리는 압니다. 사실은 그 모든 것들이 차별이었고, 우리가 더 예민하지 못해서 쉽게 웃어넘긴 것들이었음을.

더 늦기 전에 우리에게는 페미니스트 선생님이 필요합니다. 페미니즘은 모든 평등을 지향합니다. 어린이들은 우리보다 오히려 예민합니다. 내가 차별받는다고 생각하면 바로 감정적으로 반응합니다. 그때, 우리가 그 질문에 '원래 그런 거야'라고 답해버리기보다 그것은 차별이고 우리가 바꿔나가야 한다고 말할 수 있다면 그것이 진정으로 더 나은 세상을 만드는 길일 것입니다. 그것이 제가 생각하는 페미니즘이고, 수없이 발생하는 여성혐오를 없애고 남성중심적 사회를 바꿀 수 있는 해결책이라고 생각합니다.

페미니스트 선생님을 격하게 지지합니다. 모든 학교에서 페미니즘을 가르치는 날을 꿈꾸며!

−스타이며. 지금보다 더 사랑이 넘치는 세상을 만들고 싶은 한국의 20대 남성

초등학교 때 여학생과 남학생이 동등하게 스포츠 경기를 하는 경우가 많았습니다(알고 보니 그런 경우는 드물더군요). 축구든 달리기든 여러 가지 스포츠에서 동등하게 겨루어 봄으로써 서로 다름과 배려·동등함을 체화할 수 있는 시간이었습니다. 이 모든 것은 제가 다닌 초등학교의 체육부장 선생님께서 스스로를 페미니스트라 칭하지는 않으셨지만 암묵적으로 여학생과 남학생 사이의 차별을 없애기 위해 이런 문화를 권장하셨을 것이라는 생각이 듭니다. 제 담임선생님이셨던 이 분이 아니었더라면 저는 남학생들 사이에서 주눅이 드는 경우도 있었을 텐데 늘 '약자에 대한 배려', '동등한 경기' 등을 스포츠로 알려주신 선생님 덕분에 저와 제 친구들은 중학교에 진학해서도 '여성성'이 더 드러나는 상황에서 성

평등을 추구할 수 있지 않았나 싶습니다. 여성이라는 이유만으로 제약을 내재화할 수 있는 상황들을 당연하게 여기지 않고, 더 용기를 갖고 남성들과 함께 플레이하는 상황들이 모든 곳에서 이루어지기 위해서는 학교에 페미니즘을 지지하는 선생님이 많아야 한다고 생각합니다. 이 땅의 모든 선생님들이 학생들을 고루 사랑하고 잘 교육시키기 위해서 '페미니즘'을 잘 배우고 적용하셨으면 합니다.

-hiddenpark

초등학교에 입학했을 때, 저는 반에서 가장 키가 큰 여학생이었습니다. 친구들의 치마를 들추고 도망치는 남학생들을 붙잡아 혼내주었습니다. 하지만 학교에서는 아무도 그 애들에게 그러지 말라고 훈계하지 않았습니다. 초등학교 3학년이 되자 같은 반 남학생이 저를 끊임없이 놀리고 괴롭혔습니다. 참다못해 선생님께 말씀드리자 "너를 좋아해서 그러는 거야"라는 답이 돌아왔습니다. 그 순간 느꼈던 억울함과 답답함은 30여 년이 지난 지금도 종종 떠오릅니다. 고학년이 되었을 때 순하고 얌전한 여학생들만 골라 브래지어 끈을 잡아당기거나 신체를 만지고 도망가던 남학생들의 모습도 잊지 못합니다. 어른들은 아이들 장난으로 여겼을지 모르지만, 학교는 우리 여학생들에게 평등한 공간도 안전한 공간도 아니었습니다.

여고에 다닐 때는 적지 않은 수의 남자 교사가 복장검사나 진로상담을 핑계 삼아 학생들을 성희롱하거나 추행했습니다. 하지만 우리가 할 수 있는 것은 뒤에서 선생님의 험담을 하거나 상담실에 단 둘이 있게 되는 걸 눈치껏 피하는 정도였습니다. 지나고 생각해보니 우리는 그럴 때 대응할 수 있는 방법도, 대응할 수 있다는 가능성 자체도 알지 못했던 것 같습니다. 아무도 그런 일이 있을 수 있다는 것을, 그럴 때 어떻게 해야 한다는 것을 가르쳐주지 않았습니다. 학교에서는 "여자애들이 교실을 이렇게 더럽게 쓰면 시집 못 간다"거나 "다 큰 계집애들이 남자 앞에서 다리를 벌리고 앉아 있냐"는 말들만이 우리의 행동 하나하나를 옭아맸을 뿐입니다.

중학교 2학년 때 담임을 맡으신 P선생님께서는 저희 반 모두에게 책을 한 권 읽도록 하셨습니다. 《세상의 절반, 여성 이야기》였습니다. 그동안 당연한 것으로 알고 있던 우리 사회의 성차별과 불평등에 대해 깨우치고 의문을 갖게 된 것은 P선생님의 가르침 덕분이었습니다. 청소년에게 믿을 수 있는, 내 얘기를 들어주고 함께 고민해주는 어른이 있다는 것은 무척 큰 행운이었습니다. '남자 농구'만 있던 특별활동 시간에 '여자 농구'도 만들어 달라고 무작정 찾아갔던 제 말을 경청하고 즉시 실행에 옮겨주셨던 교장선생님에 대한 감사한 마음도 잊을 수 없습니다. 초등학교부터 대학교를 거치며 많은 선생님들을 만났지만 저는 이 두 분에게서 가장 중요한 것들을 배웠다고 생각합니다. 나의 목소리를 내고, 부딪히고, 성취하는 경험은 인간이 성장하는 데 무엇보다 소중합니다.

요즘 초등학교, 중·고등학교 여학생들이 학교라는 공간에서 여성으로서 겪게 되는 폭력에 대해 털어놓는 것을 볼 때마다 너무나 미안하고 시민의 한 사람으로 책임을 느낍니다. 제가 학교에 다니던 때보다 훨씬 심각한 여성혐오적 콘텐츠가 초등학생들 사이에서조차 걷잡을 수 없이 확산되고 있는 지금 학교에는 무엇보다 페미니즘이 필요합니다. 저의 10대 시절에 P선생님이 계셨던 것처럼, 우리에게는 더 많은 페미니스트 선생님이 필요합니다. 아니, 모든 선생님은 페미니스트여야 한다고 믿습니다.

–대중문화기자로 일했고 페미니즘을 계속 배우는 중인 최지은

내가 학창시절부터 페미니즘을 교육 받았다면 그간 겪었던 부당함에 좀 더 당당하고 용기 있게 목소리를 낼 수 있었을 텐데. 여학생들이, 그리고 남학생들이 내가 겪었던 그런 부당함(초등학교 시절 남자아이들의 번호가 늘 앞에 있었던 것, 남자아이들에게 더 강하게 체벌을 했던 것 등)을 다시 겪지 않기를 바라며.

–사회와 사회 속의 나 자신을 끊임없이 돌아보려고 노력하는 사람

내가 다닌 초등학교는 집에서부터 어린아이 걸음으로 40분쯤 걸어야 되는 시골 학교였다. 나는 매일 아침 아빠 차로 통학했었는데, 그날따라 아빠가 늦잠을 잤다. 나는 학교에 늦을까 봐 조금 이른 시간에 집을 나섰다. 200미터쯤 갔을까. 고등학생으로 보이는 남자가 사탕을 줄 테니 오빠를 따라오라고 했다. 그의 손에는 막대사탕 한 개가 들려 있었다. 나는 직감적으로 공포를 느꼈고, 집

쪽을 가리키며 곧 아빠가 날 데리러 올 거라고 말했다. 다행히도 곧 아빠 차가 도착했다.

나는 조금 전 봤던 '이상한 오빠' 이야기를 했고, 아빠는 학교에 가서 담임선생님께도 말씀드리라고 했다. 그리고 나의 이야기가 교장선생님께까지 전해졌던 것인지 그날 오전, 전교생이 모인 조회시간에 모두에게 전해졌다.

그날의 경험이 페미니즘과 무슨 관계냐 할지도 모르겠다. 하지만 나는 그 일로 인해 '나의 말도 힘이 있구나'라는 것을 경험할 수 있었고, 내가 꽤나 위협적인 상황에 있었다는 것을 어른들의 반응을 보고 다시 알게 되었다.

여자아이들은 종종, 아니 꽤 자주 위험한 상황과 맞닥뜨린다. 그런데 만약 그날처럼 어른들의 일사분란한 반응이 없었더라면 나는 그런 일이 아주 흔한 일인 양 받아들이게 되었을 것 같다. 그렇게 잘못된 상황에 순응하는 여성이 되었을지 모른다.

아이들, 특히 여자아이들에겐 잘못된 것을 잘못되었다고 함께 말해줄 어른이 필요하다. 우리에겐 페미니스트 선생님이 필요하다.

-모리

고등학교에선 수시로 복장검사가 있었습니다. 제가 다닌 학교는 높은 언덕에 있는 여자 고등학교였습니다. 하복은 흰 바탕의 반팔, 남색 치마 교복이었어요. 복장검사는 긴장되면서도 지루한 시간이었습니다. 우리는 그 시간이 빨리 지나가기만을 기다렸습니다.

선생님들은 책상의 줄과 줄 사이를 돌아다니며 우리를 살폈습니다. 하복 밖으로 비치는 브라끈 색깔이 너무 '야해 보이면' 막대기로 툭툭 치며 주의를 주었습니다. 치마가 너무 끼면 안 된다고 말했습니다.

소떼 같은 여고생들이 날이 갈수록 살이 쪄서 교복이 작아지는 걸 두고 '저렇게 교복 단추가 터질 듯 가슴이 크다니 지나치게 섹시한 것 아니냐'며 농담을 했습니다.

남자 선생님이 브라끈을 지적하고 여자 선생님은 교복이 가슴 때문에 터지겠다며 농담을 하면서 학생이 '단정하고 조신해야' 하는 것 아니냐고 복장검사를 했습니다. 우리는 브라끈 때문에 혼나고 살찐 가슴이 야하다며 혼나면서 자랐습니다. 그건 그냥 우리의 몸이었습니다. 그건 그냥 속옷이었습니다.

그러나 우리는 스스로 몸가짐을 조심해야 한다고, 스스로의 몸이 누군가에게 '야하게' 비칠 때 문제가 생길 수 있으니 '네가' 조신해야 한다고 혼이 났습니다. 그게 우리가 다닌 학교의 모습이었습니다.

몇 년 후 남동생은 남자 고등학교에서 심한 군대식 체벌을 받다가 몸을 다쳤습니다. '사내새끼'면 이 정도는 견뎌야지, 하는 기준으로 '사람새끼'가 평균적으로 견디기 어려운 벌을 받았습니다. 응급실에 동생을 데려가면서 나는 생각했습니다. 학교는 나아진 것이 없구나. 편견이 만들어낸 보통의 지옥. 거기서 내가 자랐고 또 우리의 동생들이, 아이들이 자라고 있습니다.

'여자애는 이러이러해야 한다'라는 편견이 견고해지면 '남자

애는 이러이러해야 한다'는 편견도 함께 견고해집니다.

남자아이들이 운동장을 대부분 쓰고 있고, 여자아이들은 왜 운동장에서 보이지 않을까. 이 이야기는 운동장 땅따먹기 싸움을 하자는 것이 아닙니다. 축구를 좋아하는 남자아이들도 있습니다. 교실에 있기를 정말로 좋아하는 여자아이들도 있습니다. 그냥 '사람' 중에 그런 사람도 있고 아닌 사람도 있는 것입니다.

그런데 왜 운동장에 남자아이들이 대부분인지는 생각해볼 만하지 않겠습니까? 나는 남자와 여자 가운데 땀나는 걸 더 좋아하도록 '태어난' 성별이 있다고는 생각하지 않습니다.

사내새끼가 계집애처럼 왜 교실에 틀어박혀 있냐는 종류의 놀림도 그 이유일 수 있습니다. 저 여자애 뛰면 가슴 흔들린다고 수박 같지 않냐고 희롱하는 수군거림도 그 이유일 수 있습니다. 축구 잘하는 여자를 가리키는 헤드라인이 '여자' 박지성밖에 없는 것도 그 이유일 수 있습니다. 뛰기 싫은 남자아이가 운동장에 억지로 나가고, 뛰고 싶은 여자아이가 교실로 들어오게 만드는 파편 같은 이유들이 우리 사회에 널려있습니다. 그 조각들이 우리의 운동장을 다른 모습으로 만듭니다.

당신이 '나는 여잔데 운동장 나가기 싫던데?'라고 말하고 싶다면 '나는 남잔데 운동장 존나 싫어하는데?'라고 말하고 싶다면, 나는 그럴 수 있다고 생각합니다. 학교에 페미니즘이 필요하다는 건 여자아이들을 운동장으로 무조건 내보내자는 외침은 결코 아닙니다. 운동장에 나가기 싫은 당신의 이야기를 '남잔데, 여잔데'라는 전제를 빼고도 들어주는 귀를 갖는 것입니다. 나는 차별을 인식하고 학생들에게 귀 기울이는 선생님들이 더 많아졌으면 좋겠습니다. 나는 학교에 페미니즘이 필요하다고 생각합니다. 아니, 누구에게나 페미니즘이 필요하다고 생각합니다. 더 나은 세상에서 살고 싶습니다.

—썸머

2차 성징이 찾아오고 나서부터 제 몸은 '가려야 할 것'이었습니다. 제 몸만 잘 가린다면, 제가 처신만 잘한다면 성희롱이나 성추행 같은 일은 없을 줄 알았습니다. 그러나 교복을 단정히 입어도 제 몸은 언제나 평가의 대상이었어요. 남자아이들 사이에서 여자아이들의 신체를 품평하며 희롱하는 일은 빈번합니다. 쟤는 얼굴은 별론데 가슴이 어쩌고저쩌고, 엉덩이가 어떻고 다리는 또 어떻고 하는 이야기들. 뉴스에서 대학교 단톡방 사건이 화제가 될 때, 사실 놀랍지 않았습니다. '김치년·된장녀·창년' 등 이미 저는 성희롱과 혐오발언에 수없이 노출되어 있었으니까요.

　　남녀공학 중학교를 다닐 때 남자아이들은 특정 여성과 불특정 여성을 향해 성희롱성 발언을 일삼았습니다. 반 안에서 모든 아이들이 있는데도 큰 소리로 농담처럼 웃고 떠들던 그 아이들이 아직도 잊히지 않습니다. 공개적 장소에서도 그랬으니 선생님들께서도 알 법한데도 아무런 제지가 없었습니다. 지금은 여고에 재학 중인데, 제가 지금 학교를 온 이유는 오로지 '여자 고등학교'여서 였습니다. 적어도 가슴이 어쩌고 하는 이야기는 안 들을 수 있으니까요.

이런 얘기를 하면 "어쩌다 나쁜 새끼들을 본 거다, 어딜 가나 그런 새끼들은 꼭 있으니 무시해라"라고 합니다. 저를 성희롱한 남자아이와 온갖 혐오발언을 일삼던 남자아이들은 천하의 나쁜 새끼들이었을까요? 어쩌다 가정환경도 불우하고 학교에 적응도 못해서 그랬을까요? 아니요, 그 아이들은 모두 교우관계도 원만하고 밝은 아이들이었습니다. 걔들이 진짜 천하의 나쁜 놈이어서가 아니라, 우리 사회가 이미 그렇기 때문에 그런 것이라고요. 여성혐오를 방관하고, 피해 입은 여성에게 공감하기보다는 남자를 전부 잠재적 범죄자로 보는 거냐며 화를 내고, 여성의 몸을 부위별로 쪼개 상품화 및 품평하는 사회라서 그런 것이라고요. 더불어 학교 교육현장에서조차 여성혐오가 만연하기 때문이라고요.

페미니즘은 비판적 사고 능력과 인권감수성을 높이는 데에 탁월합니다. 페미니즘을 접하면 기존의 남성 중심 사고방식에서 벗어나 '사소한 일' 취급받으며 드러나지 않던 것들에 의문을 가지고, 잊혀왔던 여성의 삶에 자신을 대입해볼 수 있다고 생각해요. 여성도 동등한 인격체이며, 여성의 몸을 부위별로 품평하는 것이(설령 그것이 남자들끼리의 사적인 대화에서 나온 것이며, 당사자에게 직접 말한 것이 아니더라도) 성희롱이라는 인식을 공유할 수 있는 시간, 더 나아가 우리 사회의 구조적 차별에 대해 생각해볼 수 있는 시간이 공교육에 존재해야 합니다. 대통령도 페미니스트라는데, 언제까지 피해 입은 여성만 숨어야 하나요.

페미니즘이 학교에 필요한 이유는 학교를 다니는 절반이 여성이고 여성도 동등한 인간이기 때문입니다. 우리 모두가 사회에 만연한 여성혐오를 재생산하지 않도록 노력할 의무가 있기 때문입니다.

−시스젠더 회색 무성애자 최지수입니다

교육이 얼마나 중요한지를 웬만한 교육을 다 받고서 깨달았습니다. 충격적인 말을 학교에서 들었습니다. 선생님의 "내 친구가 페미니스트인데…"라는 말이 끝나기도 전에 "그 친구 분은 군대 갔다 오셨어요?" "군대 갈 계획은 있으시대요?"와 같은 질문이 쏟아졌습니다. 그런 일차원적인 성평등 의식을 품은 질문을 한 친구들은 모두 남자였고 우리 반 남학생의 4분의 1에 해당하는 수였습니다. 저는 그 특정 친구들이 그랬던 게 성평등 교육을 받지 못해서, 살면서 성평등에 대한 깊은 고민을 할 기회가 없었기 때문이라고 믿습니다. 저도 페미니즘을 알고서야 다른 시각으로 세상을 보게 되었기 때문이죠.

중학교 1학년 때 들은 50대 남자 과학 선생님의 '특정 신체 부위와 출산을 연관 지은 발언'이 생각납니다. 불쾌함을 느낀 친구들이 40대쯤의 여자 음악 선생님께 말씀드렸지만 돌아온 대답은 "너희가 손녀 같고 예뻐서 그러신 거야"였습니다. 이상하게도 저는 그 발언과 대답을 듣고서도 아무런 감정과 생각이 들지 않았습니다. 아마 줄곧 들어왔기 때문일 겁니다. 하지만 지금 생각해보면 저는 분노해야 했고 목소리를 높여야 했습니다. 과학 선생님은 그 발언을 내뱉어선 안 되었고 했더라도 제대로 사과하셨어야 합니다. 음악 선생님은 저희를 안심시켜주셨어야 합니다.

이런 경험을 한 후 더욱 페미니즘 교육이 절실하다는 것을 느끼고 있습니다. 제 또래들의 관계와 배움은 학교에서 맺어지고 습득됩니다. 우리는 성평등에 대해 고민할 기회가 필요합니다. 즉, 우리는 페미니스트 선생님이 필요합니다.

-외고 1학년 방먀

학생이라는 명칭 아래에 우리는 굉장히 제한되고 통제된 위치에 존재합니다. 페미니즘을 접하지 못한 우리는 우리가 당하는 일들을 우리의 인권을 존중받지 못하기 때문에 겪는다는 사실을 깨닫지 못한 채 그저 '이상한 것', '불편한 것'으로 여깁니다. 그래서 학교에는 페미니스트 선생님이 필요합니다. 단지 이상한 것, 불편한 것이 아니라 옳지 못한 것이라는 것을 알려줄 선생님이 필요합니다.

-존중받지 못했던 학생

과거의 청소년들이 아버지와 어른들을 통해서 가부장제를 느리게 답습해왔다면, 오늘날의 청소년들은 매체의 발달로 빠르게, 또 혐오의 방식으로 소수자와 약자에 대한 혐오를 체화하고 습득해가고 있습니다. 인권에 대한 감수성과 성인지 교육은 조금이라도 어릴 때에 시행되어야 그 효과가 크다고 합니다. 혐오가 아닌 사랑과 타인에 대해 감응하는 능력을 키울 수 있도록 교육현장에서의 페미니즘 교육을 촉구하는 바입니다. 인권 감수성이 없는 사회, 타자에 대한 배제와 혐오만이 가득한 사회엔 더 이상의 발전은 없을 것입니다.

–우리에겐 페미니스트 선생님이 필요하다

더 이상 이런 세상에서 살고 싶지 않아요. 내가 아무리 열심히 페미를 해도 세상은 거꾸로 돌아가는 그런 고장 난 세상이 아니었으면 좋겠어요. 인터넷이나 일상생활, 어느 한 곳에서라도 페미니즘으로 숨을 크게 쉬어본 적이 없는 거 같아요. 사실 나도 요즘에 내가 무서워요. 내가 다른 사람들과 생각이 똑같아지는 게 무서워요. 내가 페미니즘을 하는 것을 주위에서 뭐라 하는 것 때문에 포기 안 했으면 좋겠어요. 내가 내 인권을 가지겠다는 것에 왜 다들 난리인 줄 모르겠어요. 아마 다들 페미니즘이 뭔지는 모르겠지만 다들 메갈이라고 하니깐 나쁘다고 생각하는 거겠죠. 다들 나랑 같이 페미니스트가 되었으면 좋겠어요. 그럼 여러 번 맘 상할 일도 쉽게 없을 텐데.

–나중에 페미니즘을 했던 것을 포기 안 했으면 좋겠어요

페미니즘을 접한 지 2년이 다 되어가는 이 시점에, 학교에서 일어나는 여성혐오적 상황을 곱씹어 생각해보았습니다.

남자아이들은 자신이 남자라는 사실이 권력을 가진다는 것을 자연스럽고 당연하게 잘 알고 있습니다. 자신의 앞을 지나가는 여학생이 들을 수 있는 목소리 크기임을 인지하고도 외모평가를 스스럼없이 하고, 여자이신 선생님들의 외모 순위를 매기며, 여자선생님들의 옷을 평가하면서 '야하다', '섹시하다'는 말을 농담으

로 던지기까지 합니다.

하지만 저는 이런 남학생들의 행동을 이해하고 또 여학생들에게 이해시키려고 하는 선생님들이 가장 큰 문제라고 생각합니다. 남학생이 계단을 올라가던 여학생 치마 속을 들여다보면 여학생들의 치마 길이에 책임을 떠넘기고, 남학생이 새벽에 여학생 반에 몰래 들어와 오줌을 싸고 가 해당 학급 학생들에게 공포감을 주었던 일에서도 단순 호기심을 운운하시기 바쁩니다(실제 저희 학급에서 발생했던 일이며, 저희는 한 달이 지났는데도 아직 징계 결과를 전달받지 못했고, 그 남학생이 누구인지조차 모르고 있는 상황입니다).

성별을 가리지 않아야 하는 학교는 너무나도 심하게 남학생들에게 기울어져 있습니다. 선생님들과 남학생들은 물론 여학생들조차 여성혐오를 자연스럽게 하는 학교생활이 너무 괴롭습니다. 미디어나 일상생활 속에서 여성혐오를 접하기 쉬워지면서 지금 10대에게는 페미니즘이 선택이 아닌 필수라고 생각합니다. 페미니즘을 학교 과목으로 배우게 해주세요.

—중학교 3학년 여자인 학생

페미니즘 교육과 페미니스트 선생님이 꼭 정말 절실히 필요하다고 생각합니다. 저희 학교에선 페미니즘을 정확히 아는 사람을 본 적이 없고 다들 관심도 전혀 없는 것 같아 보입니다. 제가 생각하기엔 지금의 교과 과목들보다 페미니즘 교육이 더 중요합니다. 여성혐오 관련 살인 사건 등 범죄들이 적지 않게 일어나고 있고, 이런 일을 예방하고 지키기 위해 페미니스트 선생님이 간절히 필요

하다고 학교에 말하고 싶습니다. 혼자의 힘으로는 절대로 들어주
지 않지만 여러 명이 모이면 할 수 있으리라 믿습니다! 모든 학교
에서 페미니즘 교육이 실천되길 바랍니다.

−중학교 2학년 여학생 페미니스트, 김두아

시스젠더 헤테로 남성으로서 돌이켜보면 한국의 초·중·고·대학·
군대로 이어지는 모든 무리에서 여성혐오를 조직적으로 가르침
받아왔습니다. 시작부터 필사적으로 뜯어고치지 않으면 계속 나
빠질 일밖에 없습니다.

−시헤남 상훈

처음 이 학교에 다닐 땐 정말 괴로웠습니다. 남학생들, 특히 야구
부 남학생들은 지나가는 여학생들의 얼굴과 몸매를 노골적으로
쳐다보며 대놓고 평가를 했습니다. 그런 상황을 몇 번이나 목격하
고 실제로 피해를 당했음에도 선생님들께서는 학생 개인 차원에
서 '하지 마라' 몇 마디 던지고는 그저 쉬쉬하는 분위기였습니다.
야구부뿐이던가요. 남학생들 사이에선 여학생들의 얼굴 평가가
스스럼없이 이루어지고 저는 그것에 상처 입어 힘들었던 날이 많
았습니다.

　　학교의 한 중년 남선생님은 "여자들이 운전대를 잡고 나와
서 사고가 많이 난다. 그것 때문에 젊은 남자들이 모두 고생을 한
다"라고 말했고, 담임을 맡은 학급 한 여학생에겐 "넌 공부가 안
되니 몸이라도 굴려야겠다"라고 말했습니다. 학생부장 남선생님

께서는 불과 1년 전까지 여학생들에게만 "못생긴 년"이라는 호칭을 붙이셨습니다. 학생과 학부모의 반발이 거세지자 그 남선생님은 사과 한마디 없이 입을 싹 닫으시더라고요. 모두 이 학교에서 일어나는 일입니다.

강남 지역이기 때문에 선생님들의 격이 더 나을 거다, 라고 생각하실 수 있겠지만 저희 학교뿐 아니라 이 지역엔 이런 학생과 선생님이 차고 넘칩니다. 여학생·남학생 모두에게 이런 잣대가 들이밀어졌다면 페미니즘 교육은 애초에 말도 나오지 않았습니다. 대한민국의 여학생으로서 학교에서의 페미니즘 교육을 필요로 합니다.

-강남구 도곡동에서 남녀 성비 2:1인 학교를 다니는 중학생 SH

아이들이 만나는 첫 번째 사회는 학교입니다. 이곳에서 아이들은 가족을 벗어나 새로운 사람들을 만나고 관계를 맺어갑니다. 관계 속에서 삶을 살아갈 때 필요한 크고 작은 배려와 관심, 그리고 이런 것들을 어떻게 표현해야 할지 체득해가는 것이지요. 아이들이 지식만을 쌓기 위해 학교에 가는 것이 아니라는 이야기입니다. 모든 사람들이 평등하고 차별받지 않아야 하는 것, 부당하고 불편한 상황에 대응할 수 있어야 하는 것, 학교의 자원을 우리 모두가 함께 누려야 하는 것, 이런 기본적인 것들을 가르치는 일에 더 관심을 가져야 합니다. 이런 의미에서 학교에 페미니즘이 필요한건 정말 너무나 자연스러운 일입니다. 함께 세상을 살아갈 아이들에게 그런 근육을 만들어주세요. 어떤 사람도 '존재' 자체로 피해 보는 일이 없도록 잘 가르쳐주세요.

—다음세대를 위한 일을 하고 딸을 키웁니다

스물다섯 살 대학생 입니다. 10년 전 일인데도 아직 생생한 기억이 있어요. 주번이었던 같은 반 친구와 학교에 남아 청소를 하고 잠시 바닥에 앉아 얘기를 하던 중이었습니다. 그때 옆 반의 남학생이 저희를 발견하고 저희 둘 사이에 오더니 대뜸 누워 친구의 치마 속으로 고개를 돌렸습니다. 편안한 자세로 다리를 벌리고 앉아 쉬고 있었는데 그 사이에 누워 있었고, 낄낄거리며 "너 ○○ 팬티 입었네?"라 비웃는 남학생의 태도에 당황한 친구는 어떤 조치도 쉽게 취하지 못했습니다.

저는 남학생에게 "미친새끼야"라 소리쳤고 남학생은 몸을 일으켜 제 뺨을 내리치며 욕을 했습니다. 제가 끼고 있던 안경은 날아가서 다리가 꺾였습니다. 남학생이 나가고 저와 제 친구는 엉엉 울었습니다. 얼마 지나지 않아 다른 반의 어떤 학생이 저의 이름을 부르며 담임이 찾는다고 말했고 저는 눈물을 흘리며 교무실에 가서 말하고 오겠다고 친구를 다독였습니다. 교무실에 도착하니 담임은 저의 우는 얼굴을 보고도 "왜 ○○에게 욕을 했냐? 청소 끝냈으면 일찍 집에나 갈 것이지 뭘 잘했다고 울어?"라고 화를 냈습니다.

저는 자초지종을 설명했고 담임이 어떠한 조치를 취해줄 것이라 기대했습니다. 하지만 담임은 그런 저를 빤히 쳐다보다 한숨을 쉬며 고개를 돌려버렸습니다. 그리고 빨리 집에나 가버리라 말했습니다. 저는 당황스럽고 이렇게는 넘기면 안 된다는 생각에 꺾인 안경다리를 보여주며 걔가 제 뺨을 때려서 안경도 부러졌다고 말했지만 담임은 눈길 한 번 주지 않고 장난치다 그런 건데 너네끼리 알아서 처리하라며 빨리 가라는 손짓만 계속 했습니다.

그 후부터 담임은 저와 제 친구를 계속해서 무시했고, 저희가 졸업할 때까지 철저히 없는 사람으로 취급했습니다. 친구의 치마 속을 구경하고 저를 때린 남학생은 중학교·고등학교까지 무사히 졸업하고 대학도 다니고 있습니다. 물론 아주 친절하고 좋은 사람이라는 가면을 쓰고요. 도대체 그 선생에게 중요한 것은 무엇이었을까요. 교육자라는 위치에서 학교 특성상 학생보다 우위에 있는 사람으로서 과연 그렇게 하는 게 최선이었는지 아직도 억울하고 답답합니다.

—스물다섯 대학생

이제 당연하게 이루어지던 불합리와 폭력들은 사라진 사회가 되어야 하고, 누구보다 미래의 아이들이 그런 사회에서 살아갈 수 있도록 해야 합니다.

—음악하는 센이라고 합니다

고등학생 때 남자 선생님이 제 엉덩이를 만졌습니다. 학교에 항의하니 아내와 자녀가 있는 선생님이 그럴 리가 없다며 제 문제제기를 일축했습니다. 저는 그 이후 교수의 성추행과 상사의 성추행도 참는 어른으로 자랐습니다. 학교가 내게 가르쳤습니다. 별일 아니고 누구나 흔히 겪는 일이니까 참으라고요. 우리에게는 참지 않아도 되고, 참아서는 안 된다고 가르칠 페미니스트 선생님이 절실하게 필요합니다.

−참으라고 가르침 받았던 학생

페미니즘은 내가 가지고 있는 생각 중 어떤 것이 사회의 생각이고 어떤 것이 내가 가지고 싶은 생각인지 구분해내는 출발점입니다 주체성 있는 목소리를 갖는 법을 학교에서 반드시 가르쳐야 합니다.

−내 목소리를 내기 위해서

많은 학생들이 가부장적 사고를 기초로 여성에 대한 폭력을 스포츠처럼 배우며 자라는 현 상황에서는 페미니즘 교육이 시급합니다. 성 불평등 관련 통계를 보여줘도 믿지 못하고 선택적으로 조작된 설만 믿는 현 사태에 비판적으로 사고할 수 있는 페미니즘적 시각이 필수적이라 생각합니다.

−이공계 석사 졸업자로 취업 준비생이고 시스젠더 여성이며 폴리로맨틱
폴리섹슈얼입니다

교장선생님 잘 들으세요. 저희 학교 학생들이, 아니 이 세상의 여성들이 몰카의 표적이 된 건 저희가 치마를 짧게 입어서도 아닌, 화장을 진하게 해서도 아닌, 여성 인권에 대해 교육받지 못한 썩은 세상 때문입니다.

−페미니즘 교육 꼭 필요합니다

초등학교·중학교·고등학교 어느 곳에서나 운동장은 남학생들의 차지예요. 점심시간에나, 쉬는 시간에나 남학생들만이 운동장에서 축구 등의 운동을 하고 있고, 여학생들은 거의 볼 수 없지요. 체육관에서도 마찬가지예요. 그런데 이것을 보고 "여학생들이 운동이나 밖에 나가 뛰노는 것을 안 좋아할 뿐이다"라고 말하는 경우도 있더군요. 참 이상한 편견이지요.

제가 나온 중학교에서는 스포츠 시간이 있었는데, 축구부는 무조건 남자만 들어갈 수 있었어요. 아예 기회까지 박탈해놓고 체육수업 시간에 축구를 하면 "남학생들이 시범을 보여 봐라" 하기 일쑤였죠. 또 다른 일화도 있어요. 몇 개월 전에, 체육능력평가로 50미터 달리기를 했죠. 남학생과 여학생 가운데 먼저 뛸 순서를 정하고 있었는데, 한 남학생이 "우리가 더 잘하니까 먼저 뛰고 너희한테 시범을 보여줄게"라고 했답니다. 흔히들 말하는 맨스플레인이지요. 남성이 여성보다 어떤 걸 더 잘하고 우월하다. 정작 결과도 그렇지 않았지만요.

고등학교에 입학하기 전, 고등학교에 합격한 학생들이 단체 채팅방을 만들었어요. 그런데 남학생들이 갑자기 구름사진을 올리더니, 구름의 모양이 남자의 성기 같다고 하며 나가고 싶은 사람은 나가라고 하더군요. 실제로 몇 여학생들은 그 채팅방을 나갔어요. 남학생들은 그 여학생들에 대해 비웃는 발언을 하기도 했고요.

놀라운 건, 이런 일이 중·고등학교의 청소년들뿐 아니라 초등학교 학생들에게도 흔하게 일어나고 있다는 거예요.

우리에겐 페미니스트 선생님이 필요해요.

왜 특정 성별이 억압받고 있는지, 어떻게 행동해야 하는지 배워야 해요. 여태껏 악습이 이어져왔다면 이제라도 고쳐 나가야지요.

여성혐오를 당연한 것으로 받아들이고 그것이 일상이 되고 있는 현 사회를 바꿔나갈 방법이 바로 배우는 것이에요. 페미니즘을 배워나감으로써 적어도 우리 모두가 스스로 자신을 뒤돌아보고, 무엇이 옳고 틀린지를 살펴볼 수 있게 되기를 바랍니다.

—한여름의 페미니스트 고등학생

우리 아이들이 성별·인종·지역·외모·소득 모든 조건에 관계없이 동등한 기회를 얻고 존중받을 수 있는 사회를 위해 페미니즘이 필요합니다!

—모두가 존중받길 희망하는 페미니스트

학교 다닐 때부터 남자는 울지 말아야 하고 여자를 지켜줘야 한다는 식의 교육을 받아왔고, 남중·남고를 다니며 학교 선생님들이 쿨하게 야한 농담을 던지면서 여성을 대상화하는 것을 당연하게 여긴 환경에서 자라왔습니다. 거기에 군대라는 환경까지 합쳐졌을 때 우리 사회에서 자신은 착하다고 믿는 남성들은 그저 '악의 평범성'의 또 다른 산물로 느껴집니다.

무의식 속에 존재하는 맨박스에 갇힌 발언과 행동들은, 페미니즘에 관심이 많은 저조차도 튀어나올까 봐 늘 경계해야 할 정도로 뿌리 깊습니다. 대대수의 남성들은 이를 경계할 필요성조차 못 느끼는 유리한 환경 속에서 살아왔습니다. 하지만 이제는 이것이 불편한 사회로 만들 필요가 있다고 생각합니다. '남자라면 당연히 성욕이 넘치고 여자에 관심이 많다'는 식의 맨박스에 젖어 있는 교육에서 벗어나, 교육과정 안에 페미니즘이 존재해야 하는 이유입니다.

─일반 한국남자 가운데 하나입니다

내가 학창시절부터 페미니즘을 교육받았다면 그간 겪었던 부당함에 좀 더 당당하고 용기 있게 목소리를 낼 수 있었을 텐데. 여학생들이, 그리고 남학생들이 내가 겪었던 그런 부당함(초등학교 시절 남자아이들의 번호가 늘 앞에 있었던 것, 남자아이들에게 더 강하게 체벌을 했던 것 등)을 다시 겪지 않기를 바라며 #학교에_페미니즘이_필요한_이유를 말한다.

─사회와 사회 속의 나 자신을 끊임없이 돌아보려고 노력하는 사람

고등학교 때의 선생님들은 여름이 와서 교복 안에 색이 있는 속옷을 입으면 겉옷을 통해 속옷이 보인다는 이유로 색이 있는 속옷을 입지 말라는 이야기를 했습니다. 그것도 몇몇 선생님이 아닌 대부분의 선생님들이요. 그리고 이런 말도 안 되는 억압을 우리는 알지 못한 채, 또는 항의하지 못한 채 따라야 했습니다. 우리에겐 페미니스트 선생님이 반드시 필요해요.

─탈학교 여성 청소년입니다

"이 깜둥아!"라는 소리와 함께 남자 초등학생이 여학생의 성기를 강하게 만지고 달아난다. 그 여학생은 화를 내지도, 울지도 못하고 애써 괜찮은 척을 한다. 내 초등학교 5학년 때의 풍경이었다. 담임선생님께 그 남학생이 친구를 그리 괴롭힌다고 말해도 그저 "그러지 말아라"하며 타이를 뿐이었다.

스물일곱 살인 내가 아직도 가슴 서늘하게 기억하고 있는 그 장난을 담임선생님은 묵인했다. 피부색이 어둡고 내성적이었던 그 여학생도 아마 그날들을 기억하겠지.

하루가 멀다 하고 당했지만 그저 '짓궂은 남학생의 장난'으로 치부되던 성폭력을 말이다. 그리고 학교라는 공간에서 아무도 자신을 지켜주지 않았다는 것을 말이다.

나는 스무살이 훌쩍 넘은 뒤에 페미니즘을 접하고 너무나 억울했다. 왜 공교육은 페미니즘이라는 렌즈를 주지 않았을까. 왜 수많은 여성폭력을 경험하고 목격해도 표현할 언어를 주지 않았을까.

학교에는 페미니즘이 필요하다. 모두가 페미니스트여도 모자랄 만큼.

-사이버공간의 페미사이드에 반대하는 서랑

출석번호를 무작위로 재배열해 성별과 무관하게 학급번호를 매기는 것만으로도 다른 학급과 다른 아이들 모습을 볼 수 있어요.

고학년인데 성별 구분 없이 같이 어울리고, 임원 선거 때 지원자 성비가 비슷하고, 발표며 활동에 남자애들이 더 나서고 여자애들이 뒤로 빠지는 일이 없지요.

여자답게/남자답게가 무슨 뜻이냐 물었을 때 "그건 질문이 잘못됐어요. 중요한 건 나다운 거예요"라고 대답하는 아이들이 만들어가는 세상은 어떤 것일지 함께 상상해보는 기쁨, 더 많은 선생님들과 경험하고 싶습니다.

─페미니즘을 초등교육과정에 녹여 넣고 싶은 교사 '망고'입니다

"몰랐어요."

누군가에게는 생사를 가늠하게 만드는 위협이 누군가에게는 재미로 취급되는 세상이다. 피해자가 엄연히 존재함에도 불구하고, 가해자들은 '몰랐다'는 말로 용서를 받는다. 모르는 건 죄가 아니다. 하지만 왜 이 땅에서는 여성의 안전과 생존과 관련한 '무지'가 계속 반복되고 재생산되는 것일까. 그 상황을 모면하게 해주는 '몰랐다'는 변명은 이제 그만해야 하지 않을까.

화가 난다고 여성을 때려서는 안 된다는 것을, 미러링을 했다는 이유로 '죽인다'는 협박방송을 해서는 안 된다는 것을, 몰카를 찍고 그걸 넷상에 올려서는 안 된다는 것을, '문학을 알려준다'며 강간을 해서는 안 된다는 것을, 어떤 이유에서든 죽여서는 안 된다는 것을, 이제 몰라서는 안 된다.

인간이라면 기본적으로 알고 있을 거라고 생각했던 것들을 대부분의 우리가 알지 못한다는 것이 드러나고 있으므로, 이것을 가르치는 것이 교육의 기본이 될 것이다. 사람이 사람을 함부로 대해서는 안 된다는 것, 모두의 노동은 귀하다는 것, 모두의 삶은

대상화되어서는 안 된다는 것, 누구든 죽임을 당할 만한 명백한 이유는 없다는 것. 페미니즘은 이런 것들을 알려줄 것이다. 세상엔 남성뿐 아니라 다양한 성이 존재한다는 것, 이들 모두 인간이라는 것을 알려주는 것부터 페미니즘 교육은 시작될 것이므로.

학교에 페미니즘이 필요하다. 이를 통해 우리는, 시간이 걸리겠지만 더 나은 세상을 기대할 수 있을 것이다.

-페미니즘이 나라를 구할 거라고 생각하는 포장이사